不窮 不病 不無聊

施昇輝的第三人生樂活提案

施昇輝——著

努力追求「富有、健康、又精采」
的第三人生真的不容易，
只要做到「不窮、不病、不無聊」
的第三人生其實就夠了。

Part 1

關於生活——我的50^+自在生活提案

Part
2

關於理財——正確「錢」意識，人生更有意思

Part 3

關於學習——第三人生，別害怕新陳代謝

推薦序

若愚原來是大智：我讀施昇輝《不窮不病不無聊》

詹宏志

老友施昇輝是我心目中的「最佳東山再起選手」（the best comeback player），我指的是他峰迴路轉的人生經營。

四十四歲遭逢人生亂流「被失業」，他成為前途茫茫的徬徨中年，試著買股票賺錢，卻差點賠掉積蓄。有一天他突然體悟了一種不貪心的「投資心法」，以清楚的紀律重新進行投資，終於「只買一支股，勝過18％」，找到了自己的理財節奏，也成功地重新找回安穩的營生手段及樂觀的生活自信（連帶的，還找回了一個從心所欲的樂活人生）。

但故事的曲折高潮還不在這裡，二〇一二年，他把這個投資心法寫成專書分享給大家，不料（我猜作者自己可能也沒料到）竟觸動了許多不曾投資股票的讀者大眾，幾年內，他成為台灣近年最暢銷也最受歡迎的「理財作家」，演講、訪問的邀約不斷，甚至激起了社會上投資ETF的熱潮，影響力不可等閒視之。

如果容許我動用「後見之明」來為我的老友所引發的社會現象做個詮釋，分析他的作品大獲人心的原因，我會說，作者是個有智慧之人，他的投資態度「樂觀寬厚，不忮不求」，承認自己沒有過人的選股能力，所以甘於採用「被動型投資」的ETF，嚴守進與出的紀律，收取穩定但「不超過」的利益；不用「加法投資」而用減法，不為短線追逐而憂煩苦勞，而是掌握大方向，放鬆心情，減少不必要的動作。他的投資態度與方法，套上施昇輝愛用的電影比喻（我這位老友是位看過五千部電影的超級影迷），我可以說它是：《奇愛博士：我如何學會停止憂慮，轉愛0050》。

選擇指數股票型基金的0050（後來又加上0056），這本來只是個人的投資選擇，但施昇輝卻找到一種與大眾分享的溝通策略，他不像其他理財作家炫耀自己的高明眼光與聰明操作，暗示自己有獨到秘訣，相反的，他承認自己的愚昧，也承認投資活動的艱難本質。你不一定都能買低賣高，還很可能會套牢，但他說：「那就套好套滿。」你會急著想出比別人聰明的辦法，常常就做得太急或太多，所以他說：「不要相信腦袋。」

作者的理財心法幾乎都是基本概念，也都是老生常談，像個人投資者如果要購買股票，最好是買ＥＴＦ，這句話股神巴菲特老早就說過了，但很多股民仍然不信邪地「追高殺低」，只希望自己能夠是個聰明的例外，施昇輝的溝通策略打破了這個心結，他讓不敢冒險的投資人理解有限風險的概念；讓急躁的投資人理解「佛系投資」的意義；讓眾多讀者或聽眾找到了一個安心、明確且聽得懂的理財之道，我猜想這是他掀起巨大風暴的原因。

如果作者成功的原因是出於某種智慧，投資成功是他的理財智慧（選擇適才適性的方法與標的），著作暢銷是他的溝通智慧（其實很聰明卻裝作很笨），我其實是連帶的想知道他在其他領域的判斷與建議，事實上，施昇輝老早也從理財寫作中跳出來，涉足了電影、旅行、樂活人生的種種議題。理財題目其實不用寫了，寫來寫去不就是0050和0056嗎？

施昇輝的這本新書就是寫退休生活，也就是所謂的「第三人生」。他標舉退休生活的目標叫作「不窮、不病、不無聊」，這句話我讀了非常佩服，平凡幾個字卻說到了很有內容的境界，也同時指出了幾個重要功課。你要「不窮」，得有一點理財的準備；要「不病」，得有健身的習慣；要「不無聊」，得有些生活安排。當中書裡頭說得更多，舉了各式各樣有趣的例子，讓你感覺無限嚮往，原來退休並不是人生賽事的終結（你以為要進入「垃圾時間」了嗎？），而是另一個無限寬廣、多彩多姿的主戲正要開場……

（本文作者為 PChome Online 網路家庭董事長）

作者序

誰說只有窮，才會成為下流老人？

一般人對我的認知，應該是「暢銷財經作家」，但我比較喜歡我的另一個稱謂：「樂活大叔」。

「大叔」指的是年紀稍長的男人，我當之無愧，畢竟已經年屆六十，早就開始在過「第三人生」。但前面的形容詞是「樂活」，而非「財經」「投資」或「理財」，因為我希望分享的是「人生態度」，而不是「賺錢方法」。

大多數人把五十歲之後的人生稱為「人生下半場」，但我卻認為過度消極，好像在等待球賽計時器的倒數，告訴你時間愈來愈少。現在人類的壽命愈來愈長，我們不該等待結束，而該有更積極的期待，所以我喜歡用「第三人生」來稱呼這個人生時期。

我把求學階段稱為「第一人生」，就業階段則為「第二人生」，自職場退休、且完成子女教養責任，就進入了「第三人生」。這時，大家應該都還身強體健，或許能持續開創嶄新的生活，真正為自己而活。接下來，可能還有「第四人生」「第五人生」「第N人生」，也未可知，這樣不是就能一直活在希望中嗎？

第三人生的課題主要圍繞在「金錢」「健康」「生活」三個面向，

但三者絕無優先順序，而是環環相扣。沒有錢，當然焦慮，一定影響健康，讓生活很難安心；沒有健康，一定影響生活，龐大的醫療費用也會讓錢愈來愈少；如果生活了無樂趣，再多的錢、再健康的身體，也只是行屍走肉。

因此我認為只有在金錢上「不窮」、在健康上「不病」、在生活上「不無聊」——三者缺一不可，才不會變成下流老人。

身為台藝大電影系碩士在職專班的學生，以下將透過六部電影，分享我如何經營「不窮、不病、不無聊」的第三人生。

一、《華爾街之狼》

《華爾街之狼》（二〇一三）改編自美國傳奇股票經紀人喬丹．貝爾福（Jordan Belfort）自傳，描述其在華爾街發跡，最終入獄的瘋狂一生。

進入第三人生，絕對不可以是視錢如命的「華爾街之狼」。此時還是應該要賺錢，但不該「努力」賺錢。很多人形容退休後的積蓄像一杯水，有人不敢喝（非常節儉），結果水剩很多，人卻走了，好可惜！有人大口喝（盡情享受），結果水喝光了，人卻還活著，那就太可憐了！但如果每年都能有水流入（錢能進帳），就不必擔心喝水（花錢）的問題了，不是嗎？

不過，第三人生要追求的是「確定」的收入，而不該是「期望」的收入。前者來自於每年都有穩定配息、且大到不會倒的公司所配發的「股息」，後者則是追求買賣股票的「價差」。前者確定可以增加水量，後者的話，一不小心還會把水打翻呢！

二、《高年級實習生》

《高年級實習生》（二〇一五）描述一位老年退休男子，應徵成為新創公司的實習生，與年輕的CEO之間相互帶來正面的影響。

進入第三人生，絕對不該妄自菲薄，認為自己已是無法再做出任何貢獻的無用之人。雖然創意、活力不如年輕人，但當年在職場上所累積的工作經驗、危機處理能力，甚至人際網絡，都可以讓自己和片中的男主角勞勃．狄尼洛一樣，找回自信與肯定。

但也不能倚老賣老、拒絕改變，反而更該認真學習，才能跟上這個世界快速變化的腳步。舉例來說，當你不具備使用電腦或網路等基本能力時，很可能就會讓生活完全停擺，然後造成像勞勃．狄尼洛在任職初期一樣的極度挫敗。

三、《一路玩到掛》

《一路玩到掛》（二〇〇七）講述兩位癌末病患無畏死亡，決心在剩下的日子裡盡情揮灑生命，相偕實踐夢想。

進入第三人生，只要經濟狀況無虞、子女均已長大成人，應該就有比較多的時間從事自己持續在進行，或是現在才有空發展的興趣，甚至一圓過去因現實考量而不得不放棄的夢想。

大多數人會把旅行當作第三人生的生活重心，這當然很好，但難道「樂活」就只能和「旅行」畫上等號嗎？其實，只要對任何新事物保持探索的好奇心，就會和旅行一樣，成為一趟充滿驚奇的有趣旅程。例如我五十八歲時去念了台藝大電影系，一方面圓了我年少的夢，二方面也在不斷學習的過程中，讓生命洋溢著滿滿的活力。

四、《三個傻瓜》

印度電影《三個傻瓜》（二〇〇九）的劇情主軸為三位好友的真摯情誼。三人結識於大學時代，在各自面臨困難的關頭，始終互相鼓勵、患難與共。

朋友絕對是第三人生最重要的生活支柱，而且他們和家人最大的不同，是自己享有選擇權，你可以離開生活理念已經南轅北轍的老朋友，也可以積極結交能讓生活更豐富的新朋友。

不要吝於在臉書上貼文或按讚，這樣至少可以讓朋友放心你還健在，也過得很好。對老朋友，千萬不要說「改天再見」，因為很可能再也沒有機會了。

老朋友終會漸漸凋零，所以結交新朋友更顯重要，特別是要多認識年輕人，才有機會永保青春。結交新朋友最容易的管道，一是參加旅行團，二是共同學習。此外，交朋友務必要用心，甚至不妨花點「心機」努力建立友誼。

五、《飲食男女》

這部由李安執導、一九九四年上映的電影，劇情圍繞著一位退休男子與三位女兒，呈現兩代家庭間的衝突與親情。

我最不喜歡大家將「做自己」作為人生追求的目標，因為即使到了該適時放手的第三人生，只要有家人，不管是父母、子女、另一半，你都永遠會牽掛他們。

此外，每個人都有可能和片中男主角郎雄一樣，成為沒有另一半的人。某次演講現場，我問所有男聽眾：「會用洗衣機的請舉手。」正如我所料，只有一半的人舉手。喪偶之後，你是否具備獨立生活的能力？這將成為現實上不得不正視的問題，無論是先生或太太皆然。

對於父母，不要只有重要節日才相聚，只要有時間就該去探視，我們一定要有「見一次少一次」的心理準備。對於子女，不該過度保護，或想盡辦法留遺產給他們，而應該要相信他們具有足夠的生存能力與專業。

六、《魔鬼終結者》

提到《魔鬼終結者》（一九八四）這部科幻動作片，大多數人首先浮現腦海的，想必是男主角阿諾·史瓦辛格所飾演的人型機器人——不僅無堅不摧，更擁有一身完美的肌肉線條。

我本來很排斥到了花甲之年做重訓，以為會把自己練成阿諾·史瓦辛格，其實這是天大的誤解。經過擔任健身教練的女兒解釋，以及自己親身實證後，才真正了解到，重訓是在加強熟齡男女的肌力和肌耐力，讓我們不易摔倒，即使摔倒也不會太嚴重，這也呼應了第三人生最重要的「預防重於治療」觀念。專業的教練指導，遠勝過自主訓練，因為後者有可能因為錯誤的施力而導致運動傷害，反而得不償失。

我們應該永遠保持正向、積極的態度，來面對可能非常漫長，也可能隨時結束的第三人生，千萬不要無所事事，任由時間流逝，當然也該避免最後徒留很多遺憾。

只要能做到「不窮、不病、不無聊」，就一定可以擁有精彩的第三人生，絕對不會出現在下流老人的行列中，就讓我們用這七個字來彼此共勉吧！

Part 1

關於生活——我的50⁺自在生活提案

走過了為家人、為將來努力打拚的前半生，這時不要再汲汲營營於「該做」的事，只要做「想做」的事，就好。

01 你的50⁺生活準備好了嗎？

二〇一九年二月底，我有幸受邀參加由科技部推動的研究計畫的焦點團體座談會，研究主題是「50⁺的老年生活」，其中有個討論題綱是「什麼時候應該開始安排老年生活呢？」我認為絕大多數的人可能想都沒想過，更遑論提早規畫了。

這裡所指的「老年生活」，應該就等同於大家所認知的「退休生活」。該計畫提到，必須預先準備的面向共有八項，以下將一一說明，幫助已經進入50⁺的讀者自我檢視，也讓尚未進入的讀者預先規畫：

一、**身體健康**：大多數人都認為這是此一時期「最重要」的事，因為沒有健康的身體，怎麼可能從事任何活動呢？大家都知道要有適當的運動、均衡的飲食，還要定期做身體檢查，才能維持身體健康，但你真的做到了嗎？切勿再找任何逃避的藉口，現在開始，永不嫌遲，這是我認為應該要「立刻」安排的老年計畫之一。

二、**財務規畫**：這幾乎是所有人在此一時期「最焦慮」的事，因為大家永遠都認為自己準備不夠。會中有個學者提出他所做的調查，發現大多數人最依賴的老年生活財源，是政府提供的退休保障，其次是寄望子女扶養，最後才是個人的積蓄。這個順序是非常危險的，因為勞保破產看來是很難避免，而期望子女盡孝道，在現實生活中也成奢求，因此我們真的得儘早靠安全穩健的投資理財來保障未來的老年生活，這也是我認為應該要「立刻」安排的老年計畫之二。

三、休閒安排：很多人在討論老年生活的議題時，常常只聚焦在前兩項，但我認為這一項才是攸關老年生活品質「最關鍵」的事。就算你非常健康、非常有錢，但生活空洞，度日如年，那麼活著又有什麼意義？讓老年生活過得充實，就必須要有一些興趣去從事，並擁有學習新事物的熱情，才能樂在其中。同樣根據前述學者的調查，國人在老年生活中最主要休閒安排就是「旅遊」，而我唯一的建議，就是要在「金錢」「時間」「體力」三者間，取得符合現實的平衡。除了興趣培養要趁早以外，這一項倒是等到進入老年生活後再規畫也不遲。

四、心理調適：這是很多人離開職場後，「最容易發生」的問題。

不再工作後，很多人就難以獲得自我肯定和成就感，而這種自我價值的喪失，其實是老年生活最大的危機。與會學者提到，許多老人被送到安養院時，最常出現這種自我否定的情形。不過，提早規畫這一項並不切實際，我反倒認為如果能夠配合下一項，就比較容易做到心理上的調適。

五、社會關係：老年生活最怕足不出戶，與外界斷了聯繫，這種情形特別容易發生在男性身上。老朋友的聚會固然重要，但能讓老年生活持續充滿活力，則要仰賴社交圈的擴大與新朋友的加入，甚至我更鼓勵大家要多結交年輕朋友。千萬別自我設限，認為年輕人不會跟LKK來往，因為50⁺可以很有自信地和年輕人分享我們所擁有的豐富人生經驗，成就自我的肯定，對心理的調適必然很有助益。

六、家庭關係：子女此時多半已經離家，夫妻感情能夠平淡已屬萬幸，更常見的是相敬如「冰」、如「兵」，所以應該趁早學會所有生活技能，男性尤該如此，讓自己能獨立到老，不必依賴子女，也要做好配偶先你而走的心理準備。唯有自己能夠獨立，才不會因為過度依賴而感到失落。

七、工作就業：如果你的經濟能力無法支撐50^+生活，就勢必要尋求事業第二春，避免自己成為「下流老人」。如果你尚未進入50^+，建議一定要儘早建立第二，甚至第三專長，讓你有能力轉換工作，延緩退休的年紀，增加儲備退休金的時間。

八、房屋居住：提供友善老人行動的居家環境，雖然是政府的責任，但畢竟短期內難以期待；若要自行改善，又得花上一大筆錢。所以建議大家即早加強自己的肌力和肌耐力，避免老年跌倒的風險。就算你已進入50⁺，仍來得及，切勿自我放棄。

在這個離開職場愈來愈早，但壽命卻愈來愈長的時代，奉勸大家，就從「今天」開始準備50⁺的老後生活吧！

02 你的第三人生，有幾個「第一次」？

第三人生，不是用來每天緬懷過去的豐功偉業，也不是用來重複過著相同的生活。這時，我們一定要繼續前進，開始做一些以前想做卻沒做，或是從來沒想過要做的事。此時累積的「第一次」愈多，第三人生就愈精彩。

千萬不要好高騖遠：「我要來個人生第一次開飛機的經驗。」或許還是有人做得到，但這個願望太不切實際。**你的第一次經驗，或許是別人每天都在做的事**，例如我有一位退休的董事長朋友，和我分享了一件第一次搭捷運就坐錯方向的糗事。不要不相信，有些人真的沒搭過捷運，這就是一項容易達成的第一次。

很多太太抱怨先生什麼生活技能都沒有，所有大小事都要依賴自己，卻又一定要搭先生的車才能出遠門，因為有些女性朋友縱然有駕照，卻不敢真的在馬路上開車。何不勇敢上路呢？凡事都會有第一次嘛！我有一位好朋友的太太，前陣子真的開車上路了。因為先生長年在中國大陸工作，當年女兒高中夜自習完畢後，都是由她搭公車接送，還被女兒嫌，這件事一直是她心頭的痛。現在，她終於能夠愛去哪裡就去哪裡了。

我太太會開車，也敢開車上路，但她每次出外旅行，都要靠我安排食宿交通，也就受限於必須配合我的時間。二〇一八年，她看到一篇「梨山幸福小巴」的報導，知道有這麼一條從豐原出發，繞經清境、合歡山後抵達梨山，一天只有一班，而且必須在山上過夜，隔天才能下山的的６５０５客運路線，她居然隔天就一個人上路了。這是她第一次一個人長途旅行，非常興奮，我也很開心她可以自己打理一切。她說：「反正都在台灣，又沒有語言不通的問題，怕什麼？」司機後來還幫她找到一間便宜舒適的民宿，讓她至今仍非常懷念這趟充滿驚喜與人情味的旅程。

我太太的老家不在台北，年輕時到台北天龍國念書，居然發現很多天龍國民不會騎腳踏車。不只是她覺得吃驚，我甚至認識一個男生，到了第三人生才學會騎腳踏車。還有一位女性作家朋友，即使先生來自國民都以腳踏車代步的歐洲國家，甚至她也在當地居住多年，卻直到五十幾歲都還不會騎腳踏車。希望她看到這篇文章後，願意開始學騎腳踏車，還可以在她廣受歡迎的專欄中，寫下第一次騎腳踏車的美好經驗。

分享了這麼多別人的第一次經驗，那麼我在第三人生又有哪些第一次呢？二〇〇六年，我第一次單獨飛往紐約，觀看王建民在洋基球場的比賽。二〇一二年，我在尼泊爾第一次玩飛行傘，也是第一次自由翱翔天際，從天空鳥瞰壯麗的湖光山色。同年底，我出了畢生第一本書，自此開始了寫作與演講人生，目前為止已經出了十二本書。二〇一四年，和太太第一次搭郵輪遊地中海。二〇一五年，第一次嘗試去東京自助旅行。二〇一八年，考上台藝大電影系碩士在職專班，在大學畢業三十五年後，第一次重回校園當學生。

二〇一九年，我完成了人生第一部電影劇本。如果有幸被大導演相中而搬上銀幕，或許某一年可以實現第一次入圍，甚至拿到金馬獎最佳原創劇本獎！

最近最有趣的第一次經驗是上了健身課。第一次上課的內容，連健身都談不上，只能算是針對當時深受五十肩之苦進行的類復健療程。做完後，真是通體舒暢，很多當時做不出來的動作，也有了明顯的成效。或許之後會來寫我的第一本健身書喔！

03

勇敢離開舒適圈，發掘你的不老魂！

二〇一九年某月底，我受好友蘇達貞教授之邀，觀賞一部記錄他和一群年長朋友，從花蓮航向日本國境之南的冒險旅程電影——《不老水手，快樂出航》。我不只要推薦大家去看這部電影，更希望透過他們不服老的精神，為很多宅在家的退休人士提供一些激勵和啟發。

蘇達貞教授，好友都稱他「拖鞋」，多年前自海洋大學退休之後，就在花蓮縣壽豐鄉鹽寮地區（近遠雄海洋世界），成立了「蘇帆海洋文化藝術基金會」，致力於推廣海洋教育及獨木舟運動。他最為人津津樂道的壯舉，就是曾獨自划獨木舟繞行台灣海岸一圈。

這部電影描述了一趟由花蓮划竹筏到日本最南端與那國島的行程，源自於蘇達貞所發起的「南風再起」計畫，而這項計畫的發想，則是受到考古學家研究的啟發。研究指出，日本人的祖先或許能溯及三萬年前，起源於一群從海路來到現今日本定居的台灣原住民。於是，蘇達貞決定嘗試以古法造筏，重走這條海路，體驗先人在海上冒險犯難的精神。

這項計畫的前身叫「夢想海洋」，由蘇達貞和一群年輕人在二〇一四年所發起，可惜當時因為天候與海象不佳而不得不放棄，但他們當時就決定，有朝一日一定要完成此一夢想，於是訂定了下一個計畫，也就是二〇一七年的「南風再起」。

不過，三年後，蘇達貞決定讓這批年輕人來協助一群他稱之為「不老水手」的歐吉桑和歐巴桑來完成。這項挑戰恐怕比上一次更艱鉅，因為他們的體力和技術一定不如年輕人，卻可能讓這趟冒險行程更富意義。

電影中，我們可以聽到這群年紀在七十歲左右的不老水手對著鏡頭現身說法。有趣的是，很多人在出發前，其實對海洋非常恐懼，有些人甚至根本不會游泳。他們憑藉的完全是一種「不服老」的精神，以及受到蘇達貞發起此一活動理念的感召。

類似的題材，我們在另一部紀錄片《不老騎士—歐兜邁環台日記》裡的騎摩托車環島之旅也曾看過，不過不老水手的挑戰性，顯然比不老騎士要高得多。這趟划向日本的航程裡，他們已經知道可能會碰上大風大浪，卻依然在做足安全準備後，奮勇向前，毫不畏懼。

許多專家都建議，進入第三人生之後，應該要逼自己離開舒適圈，才能有新的人生視野。這群不老水手在面對未知的狂風巨浪之際，絕對不只是離開舒適圈而已，根本就是迎向暴風圈。

我當然不會鼓勵大家都去當不老水手，但最起碼該走出家門，接觸新事物、結交新朋友。如果有機會觀賞這部電影，相信他們身處無邊大海中所散發出的豪情壯志，足以激勵你產生鬥志：「他們能，我為什麼不能？」

不老水手裡，有位綽號叫「郭大俠」的退休醫師，同時也是負責這趟航程的隨隊醫師，他現在有兩個身分，一是「導遊」，二是「健身教練」。他既可以一邊玩樂、一邊健身，而且還有收入進帳，真是令我好生羨慕。電影放映完畢，他還為全場觀眾教唱蘇達貞所創作的隊歌，真是多才多藝，無疑是「樂活」「逍遙」的絕佳典範。

媒體最愛歌頌這種勵志故事，其實可能帶來完全不同的結果。有人受到鼓舞，改變了人生的面貌，但有人因而更挫折，反而愈發裹足不前。在看完這些勵志故事之後，你要成為前者，還是後者？其實只在一念之間。這些人從來沒在海上生活過，年過古稀才當水手，這麼困難的事都做到了，你若要做其他事，還有什麼好怕的呢？勇敢離開舒適圈，發掘你的不老魂吧！

我認為這些不老水手完全體現了本書所要傳達的第三人生該有的**不窮、不病、不無聊**的樣貌。如果擔心經濟壓力；如果百病叢生；如果不敢勇於突破，怎麼可能會來參加這個活動？或許你不會成為「不老水手」，但一定會成為別人眼中的「不老偶像」。

04 去聽一場可能聽不懂的演講吧！

日前，我去聽了一場知名作家陳念萱的演講：「旅途中遇見金剛經」。看到「金剛經」三個字，應該很多人就卻步了，但我想就算聽不懂，也不過就是浪費兩小時而已，沒有太大的損失。

聽完整場，我真的沒什麼慧根，很難參透她講的大部分哲理，但隱隱約約還是有一點啟發。演講中途，當然偶有不耐，就起身上個廁所，順便滑個手機，然後打起精神，再次回到演講現場，挑戰自己的求知極限。

在時間相對比較充裕的第三人生中，我覺得這是可以從事的最小範圍的冒險。聽演講的最大損失只有時間，因為大部分的演講都是免費參加的。如果真能得到一些小小的收穫，甚至開啟自己的另一個興趣，那就賺到了，不是嗎？

我就是抱著這個心態去參加的，而且看來現場有一半的人也是如此。當陳念萱一開始問現場有多少佛教徒時，沒有多少人舉手。這時，我一來覺得如釋重負，二來很訝異——很多人和我一樣，都是來進行一場心靈探險。

她說，金剛經不過五千多字，大家可以試著讀看看。聽了之後，我覺得或許真的可以挑戰一下。她以前是基督徒，現在卻成了佛教徒，而且三十年來進出印度不知多少回，這更引起了我極大的好奇心。面對第三人生，真的不該自我設限。我想讀了金剛經之後，說不定又可以開啟另一扇窗子。

聽一場聽不懂的演講，其實是啟發自知名評論家楊照對「讀書」的看法。他建議，不要只讀自己熟悉的、自認為一定看得懂的書，反而應該勇於挑戰自己，去讀一些完全陌生的書，因為就算看不懂，損失也就幾百元而已。

我是理財作家，比他更重視CP值。如果一開始就預期自己不懂，那麼去聽免費演講，會比看書更划得來。書真的讀不下去，很多人會隨時放棄，但如果演講聽不懂時，為了避免提早離場傷了主講者的心，你可能會撐到最後，說不定就因為後來聽到的一句話而改變了人生。

陳念萱在演講中提到，一個人來到完全陌生的環境，才能得到真正的自在。一來因為沒人認識你，自然不必有所顧忌；二來因為陌生，必須提高警覺，故而實踐真正的「活在當下」。這是當天聽到印象最為深刻的其中一句話。

另一句是「最大的自私，就是最大的功德」，完全顛覆大家原有的想法。她的意思是，「你為愈多的人謀其私利，你累積的功德就愈大」，也就是說「把一己之私，擴大到眾人之私」，而非「圖一人之私，卻傷了眾人之私」。我突然發現，我把那套簡單易學的投資方法分享給那麼多讀者，讓大家在投資上從此安心不焦慮，真的可說是功德一件。

若陳念萱看到此文，希望她千萬別認為我曲解了她的本意。不過，就算曲解了，我還是得到正向的啟發，這應該也沒有違背她的本意吧？

由讀書、聽演講，還可以延伸到「看電影」這件事上。我給各位關於電影的建議是「特別的電影一定要看，但要有心理準備，因為不一定好看」。

大多數人看慣了美國好萊塢電影說故事的方式，只要有一點不一樣，就因為看不懂而心生排斥。觀賞「特別的電影」，才能發現原來電影呈現的方式可以這麼多元，而且可以認真思考導演的用意，其實也可以帶來另一種樂趣。誰說電影只有娛樂的功能？它同樣也能提供思辨的機會。看完特別的電影後，如果還是覺得很難看呢？也不必懊惱，因為損失只不過是兩三百元和兩三個小時啊！

以上這三件事，只需要花費些微時間和金錢，何不來一場冒險呢？**冒險不需要「勇氣」，只需要「意願」**。只要能在其中一次嘗試中發現心靈的桃花源，你的第三人生將會有完全不同的光景。

05 你每天都有「行程」嗎？

某個傍晚，我去上知名作家李偉文主持的廣播節目。錄音前，我跟他說，這是我今天的第三個行程，錄完之後，晚上還要去某大學演講。他問我，前兩個行程是什麼？我說中午和幾位久未謀面的前同事吃飯，然後去看金馬國際影展的一部電影。他說，這兩個怎麼能算是「行程」呢？

我回他：「這些都是我記在行事曆中，提醒自己不能忘記的重要事情啊！」

他說：「前兩個只能算是吃喝玩樂，後兩個才是對社會有貢獻、有意義的活動，所以我認為，只有後兩個能當作『行程』。」

對於他的觀點，我有完全不同的看法。到了第三人生，**只要對「自己」有意義，我認為就是值得花時間完成的「行程」**。如果要求自己一定要做一些對「社會」有貢獻的事，或許會讓很多人感到挫折。

以我當天前兩個行程為例，中午聚餐是第三人生不可或缺的「老友」，看金馬影展的電影也是第三人生不可或缺的「興趣」。

自從我在二〇〇三年離開從事了十六年的證券業之後，和以往的同事並沒有太多互動的機會，尤其在我不斷分享「不要再選股，只要買「0050和0056」的投資理念後，我和很多當年的同事和同業都不易再有共同話題，更形疏遠。對於能再和他們一起吃頓中飯，我真是格外珍惜。

到了第三人生，能和老朋友相聚，一定要抱著「見一次，少一次」的心理準備，絕對不要說「改天」，因為說不定就沒有下次的機會了。不過，我周遭也認識一些人，幾乎每天都跟老朋友見面，而且深怕少了這些飯局和聚會，生活就不知該如何安排了。

如果，你是為了「打發時間」才和老友整天膩在一起，這就不是我認為「對自己有意義的活動」，因為你的時間安排其實應該要有更多選項，至少該有一項興趣，讓你願意花時間和精力從事。

當天和老友吃完中飯之後，我就去看金馬影展的電影。「看電影」是我人生最大的興趣，至今已經看了超過五千部電影。金馬影展自一九九〇年舉辦以來，我沒有缺席過任何一屆，今年當然也不例外。對我來說，這件事意義非凡，怎麼可以不算是我的「行程」呢？

在影展期間，我甚至為了不放棄已經買到票的場次，而婉拒了電視財經節目的通告。我明白地告訴製作單位，我是為了「看金馬影展的電影」而無法參加錄影，這個理由讓他們大感詫異，或許之後都不會找我了。

第三人生沒有「夢想」，其實沒關係，但沒有「興趣」的話，生活就有可能度日如年。對於以往既有的興趣，請一定要持續下去；如果真的沒有興趣，那麼務必至少培養一項。

再來談談當天後面的兩個行程，一是接受電台訪問，二是演講。雖然大多數人很難有以上兩種機會，但二者的本質其實就是「分享」。進入第三人生前，一定累積了豐富的工作經驗或人生智慧，何不利用各種不同的場合分享給親友呢？這種場合可以是聚餐，可以是旅行，也可以是在任何地方。

千萬不要妄自菲薄，以為自己沒有任何珍貴的經驗可資分享，因為說不定你一句稀鬆平常的話，卻能讓身旁的人得到啟發，甚至改變他的一生。或許我寫書、受訪、演講，能夠快速發揮影響力，但你只要肯分享，哪怕只影響了一個人，這個人都有可能再去影響其他人，不是嗎？

只要把某件事情記在行事曆上，而且絕不輕言取消，甚至不會找藉口不去，這些都應該當作「行程」，因為你會從中得到滿足，這樣的生活當然就「不無聊」了。如果你把每件事都看成「可有可無」的話，那可能正在過著一種最悲哀的第三人生。

06

現在，我是用「分享」來貢獻社會

二〇二〇年九月，我破紀錄地發表了十五場演講，其中有公家機關、電子公司的內部演講，也有不同單位邀請我進行對外公開演講，主題當然都和「投資理財」有關。為什麼如此密集？因為上半年受到新冠肺炎的影響，很多排定的演講都被取消，所以延到了九月分。

很多朋友不解，為什麼我要這麼拚命賺錢？這樣怎麼還能稱為「樂活大叔」？我覺得大家都有所誤會，一來我大部分的演講邀請來自公家機關，車馬費並不多，談不上「賺錢」；二來我在第三人生最愛做的事就是「分享」，而演講當然是個最適合分享的機會。

我不喜歡上電視，雖然最多只要講十到十五分鐘的話，有時甚至不到五分鐘，看似輕鬆，但看不到在電視機前的觀眾反應，也就感受不到臨場、即時分享所能帶來的感動。此外，電視節目時間有限，加上由主持人主導提問，所以很難完整陳述我的理念，對廣大投資人的幫助其實很小。演講則有充分的兩三小時，可以完全照我的想法來講，雖然受眾人數不及電視，但對來聽演講的人而言，收穫是最大的。

有時主辦單位看我年紀稍長，會好心請我坐著講，但我都堅持站著，因為我喜歡看到所有聽眾的眼神。從他們的表情中，看到他們終於明白「投資理財其實非常簡單」「不再害怕買股票」時，就覺得雖然得站兩三個小時，講得口乾舌燥，甚至講到喉嚨沙啞，但這一切都是值得的。

稍有知名度後，除了演講，也會應邀接受電台、臉書直播的訪問，或是在紙媒及網路上發表文章，這些同樣都具備「分享」的功能。雖然無法直接看到受眾的表情，但從按讚數也可以多少了解這一集（篇）所獲得的回響。有時獲得幾千個讚，當然會非常開心，因為他們從我的分享中一定得到了某些啟發，而能夠對這些素昧平生的網友或讀者有所幫助，自己也會得到很大的成就感。

我認為進入第三人生後，已經離開職場，也卸下了教養子女的責任，對整個社會似乎已難有所貢獻，此時唯一能做的就是把珍貴的人生經驗分享出去。如果不願意透過任何管道分享，你會對自己愈來愈沒有信心，認為自己已經是一個沒用的人。那麼，第三人生很可能就會在無聊、失落中度過。

一般人應該沒有受邀演講、上節目、寫專欄，甚至寫書的機會，難道就不可能分享了嗎？在網路時代，發表的管道已經愈來愈多元，只怕你沒意願，不怕你沒機會。

就來當一個時下最夯的YouTuber吧！拿起手機對著自己拍，愛講什麼就講什麼，然後上傳，輕鬆搞定。如果分享的內容很充實、很有趣、對很多人有所幫助，說不定就此爆紅，藉此開創出精采而意外的第三人生。很多人也建議我應該來當YouTuber，但我目前已經夠忙、夠累了，如果再做這件事，就真的不樂活了。

不過，很多人都不習慣對著鏡頭獨白（其實也包括我在內），那就透過臉書，用文字來分享吧！我希望大家不要只會用「分享」鍵轉貼別人的文章，而該自己來寫。文字無須華麗、通順，只要言之有物，就具備分享的功能。請記得開「地球」（編按：將臉書文章公開給所有人閱讀），不要只給自己的親友看。或許真有陌生人因為不經意看到你的文章而得到啟發、得到幫助，那就更是功德一件了。

萬一自認沒有口才、沒有文筆，怎麼辦？不妨出門當志工。志工或許沒有機會進行直接的分享，但可以幫助民眾順利完成想辦的事，你就會認為自己仍是個有用的人，在其他場合自然就會有分享的意願。有時候，分享不必透過文字、說話，只要能展現出正向積極的人生態度，這種感染力同樣也是一種分享。

你或許會想：進入第三人生，難道一定還得對社會有所貢獻嗎？我認為這是維持自信心的唯一方法。貢獻無分大小、多寡，只要願意付出，都能獲得自我肯定。很多人認為老後沒錢的人是「下流老人」，而我認為找不到自身價值的人，也同樣可以用這四個字來形容，在此與大家共勉。

07

防疫期間，學習如何與自己相處

二〇二〇年，全球爆發新冠肺炎的期間，大多數人即使沒被政府規範在家自主管理，也會對於好友相聚等活動採取比較節制的態度，君不見臉書上少了好多與人聚餐或出國旅行的分享。在疫情恐怕短時間內很難緩解的此刻，其實何嘗不是給了大家一個學習如何與自己相處的機會？

疫情最嚴重的那幾個月，我的演講紛紛被取消，只剩下一隻手可以數完的數量，與親友聚餐的次數也幾乎剩下一個月一兩次，更別提國內外旅行了，所以日子一下子清閒了許多。我相信很多人都跟我一樣，但對於那些每天必須呼朋引伴才能填滿第三人生的人來說，肯定非常難熬。

很多退休專家說，學會自己一個人過日子，是第三人生最重要的一件事，但我不能苟同。我們在第三人生還是需要與老朋友互動，而且還應該積極結交新朋友，太早就開始離群索居，絕非第三人生之福。不過，我們總有一天要面對獨自終老，所以仍有必要開始慢慢練習，首要之務就是要學習過「小日子」。

對於每天都要安排活動才能感覺自在的人，壓力其實很大，因為他們只要一天沒活動，可能就難以適應。疫情之下，不只是政府要求大家保持「社交距離」，我們又何嘗不是已經自我控制「社交活動」？所以，不趁此難得的機會學習獨處，更待何時？

學習獨處，其實就是練習在「無聊」的時光中，找出「不無聊」的樂趣。疫情期間給了我們練習的機會，而你真能做到的話，不正應驗了那句老話「塞翁失馬，焉知非福」嗎？

我和太太目前處於「卒婚」的狀態，也就是擁有各自的社交圈，雖仍生活在一起，但經常分開活動。最近我們在家的時間變得比較多，我開始擔任她的廚房小幫手，這是我以前從來沒做過的事，突然覺得家裡瀰漫著文學家沈三白《浮生六記》的氛圍。

最近我在家裡做最多的事，就是把房間好好整理一番。雜亂的書堆一一歸位；很久沒穿或已經穿不下的衣服，就把它們扔了；需要保留的文件或具有紀念意義的書信，就買了些檔案夾，分門別類進行歸檔；許多雜物評估沒有再用到的機會，也當垃圾處理掉。這時，才真正體會到「斷捨離」所帶來的生活清爽感。

在整理的過程中，最大的收穫就是找出那些買了很久但一直沒時間看，或看了一部分卻還沒看完的書，趁此清閒的時光，終於有機會能好好讀完了。除了書之外，還有些ＤＶＤ恐怕都買了十年，卻一直抱著「等有空再看」的心態，現在也終於有空了。

除了實體物件外，很多以前完成的電腦檔案，諸如文章、圖表、演講內容、大綱、簡介等，也終於有時間進行整理。有些過時的文件或刪或更新，有些重複的內容或刪或整併，未來才能更有效地運用。

只要不是被政府要求自主隔離或自主健康管理，當然就不必每天都待在家裡，所以我最近又開始執行日走萬步的紀律。這兩三年來演講、通告邀約不斷，加上重回校園念電影系碩士在職專班，運動的機會也愈來愈少。懶，當然是主因，但時間有限，也是不爭的事實。現在總沒有藉口了吧？所以我每天去住家附近的河濱公園健走兩三個小時。不只如此，因為都是和太太一起去，所以也能讓夫妻間的感情更親密。

如果父母仍健在，也別忘了常常去看他們。以往或許因為朋友的邀約聚會，而排擠到探望父母的時間，現在正好給了彌補的機會。別等父母生日或父親節、母親節了，多去看看他們吧！父母要求不多，不過就是希望子女多點陪伴。這段期間，友情難免會變得淡薄，但親情反而有了更多凝聚的機會，真的要好好珍惜。

在這一段難得的小日子裡，希望大家不強求充實，但求自在。

08

你確定能一個人過日子嗎？

某個周五清晨，太太要搭早班車回台東探望她的父親，直到周日才會搭末班車回家，回到台北已是周一凌晨。她出門前問我：「這三天，你可以一個人過日子嗎？」

我覺得這個問題很可笑，就回她：「當然可以。」但是，正在閱讀本文的你，也有把握能夠一個人度過三天嗎？

很多男人退休之後，失去了事業的舞台與鎂光燈，都會發生適應不良的情形，而且因為什麼事都不會做，連芝麻綠豆大的小事也必須依賴妻子處理，更增添了夫妻相處的困擾，甚至在日本形成一種「中年離婚」的特殊社會現象。

女人就一定可以獨自生活嗎？那也不一定。就在我太太出發的前一天，我幫她在網路上訂好很難買到的東部火車票，然後讓她去便利商店的 ibon 取票。她拿到火車票之後，很開心地跟我說：「這一次從頭到尾都是我自己操作的喔！」我說：「很棒啊！但下一次妳要練習自己買票了。」我最近想急著教她的事，就是那套投資 0050 和 0056 的方法，雖然非常簡單，但因為我做來得心應手，她就沒什麼動力學習了。為了未雨綢繆，避免我突然發生意外，我想真的該盡快讓她學會了。

為什麼我說「能夠一個人獨自過日子」是這麼重要？因為很多人的生活，最後可能都只剩下自己一個人。許多無論是談「人生下半場」或「第三人生」的文章，都聚焦在精神層面，幾乎沒有人會談到如何處理日常生活的瑣事。大家談太多生活的「意義」，卻常常忽略了生活的「能力」也同等重要。

很多人認為失去生活的意義，就代表「無聊」，但如果連獨自生活的能力都沒有，就會很「無助」。**我們在追求「不無聊」的第三人生時，當然也要學習讓自己一直處於「不無助」的篤定中。**

「一個人獨自過日子」可以分兩個面向來探討，一是能夠處理所有日常瑣事，二是懂得度過完全獨處的時光。

太太不在家的這三天裡，除了三餐在外吃飯之外，我自己起床、燒開水、切水果，洗杯盤，也自己洗衣服。你可能會笑我：「誰不會做這些事？有什麼值得炫耀的？」但我真的認識很多男性，連這些事都不會做。有一次，一位男性友人問我退休生活該怎麼規畫，回答之前，我問了他一個簡單的問題：「你會用洗衣機嗎？」他說不會，我就說：「先把所有生活的技能通通學會吧！有一天，可能就沒有太太可以依賴了。」

至於是否該學一點簡單的料理，省得三餐都得外出吃飯？由於大都市生活太方便了，所以我目前還沒有迫切的需要，但學習本身就有樂趣，或許這會是我未來幾年的目標。

太太不在家的這三天，我正巧都沒有任何朋友的邀約，是個考驗自己能否獨處的機會。很多人進入第三人生後，非常害怕寂寞，非要把每天都塞滿各式各樣的行程不可，否則就會覺得很失落。就算當天真的沒有任何活動，至少還有另一半在身旁，就能比較安心。年紀愈大，親人朋友一定愈來愈少，只要活得夠久，最後真的可能只剩下你一個人，獨處的能力當然就變得非常重要。

當時正值金馬奇幻影展期間，所以我去看了幾部電影。我其實最喜歡一個人看電影，所以這對我來說，並不會造成任何心理上的壓力，不像很多人從來都沒辦法獨自看電影。我還去聽了一場徐仁修老師的「台灣最後的荒野」生態攝影講座。此外，更完成了一套受邀演講必須準備的簡報檔案，也整理了前陣子去摩洛哥用手機拍的幾百張照片，有的放到臉書分享，有的直接就刪了。很多人沒耐心整理照片，畢竟這真的需要保有一段完整的時間，才有精力去做。當然，一個人在家獨處最棒的事，就是可以安靜地聽聽音樂、看看書。

先把一個人生活的能力培養起來，第三人生才能無憂無慮。

09 老伴啊，明天吃素喔！

曾有一支醬菜的電視廣告，讓我印象非常深刻。片中的老太太轉頭看著老先生，用台語說：「老伴啊，明天吃素喔！」這句再平凡不過的對話，把老夫老妻那種不太浪漫，但充滿關心的日常極為傳神地表達出來。到了第三人生，夫妻早就不會天雷勾動地火，此時，平淡反而才是幸福。

最近在我們家裡，也發生了一件類似的小事情。這件事真是平淡無奇，我卻有很深的感觸。

二〇二〇年，新冠肺炎疫情讓大家的日常生活充滿了不安，我的很多演講都被取消，也決定沒事盡量不出門，因此宅在家的機會就多了。有一天，我在客廳看書，老婆在餐廳剝蒜皮，為等一下煮蒜味蛤蜊雞湯做準備。突然，她對著我說：「要不要來幫我剝？」

我愣了一下，因為她從來沒叫我幫忙過煮菜。我放下書，說：「好啊！」便走進餐廳，坐到了她的旁邊。

她也愣了一下，沒想到我居然爽快地答應了。剝第一個的時候，我真的找不到訣竅，笨拙到自己都覺得好笑。老婆示範了一遍之後，我才慢慢開始熟能生巧。

結婚超過三十年，好像從來沒有一起做過這種「小」事情，因為以前做的都是上班賺錢、教養子女這種人生大事。以往有些小事，我想自己完成就可以了，何必麻煩她？她也同樣自己做，不必找我幫忙。到了第三人生，沒什麼大事了，只剩一些小事，如果還不一起做，老夫老妻就真的是「相敬如賓」了。

很多關於第三人生的書寫，都建議老夫老妻要找機會重燃戀愛時期的熱情，但我相對悲觀。婚姻生活早就被教養子女和家庭生計折騰到筋疲力盡，現在好不容易可以喘口氣，根本沒有精力再耍什麼浪漫。然而，一起剝蒜頭，卻讓我感受到早已消失不見的浪漫。

在婚姻中，我們很容易記得「衝突」，卻遺忘了「幸福」。和老婆

一起剝蒜頭時，卻突然發現幸福其實很簡單。

我在二〇〇三年被迫從原來任職的證券公司離職，宅在家的那段期間，因為老婆還在上班，所以家裡的大小事，除了煮飯燒菜之外，幾乎都是我在做，我也必須要做。反觀很多男人因為忙於工作，無力分擔家務，退休後就真的是「茶來伸手，飯來張口」，甚至被譏笑是「家裡的大型垃圾」。我還聽說有些在職場上位居高位的男人退休後，把太太當部屬在使喚，讓老伴更難忍受。

進入第三人生的男人們，開始學做一些家事吧！

就「現實面」來說，如果太太比你早走，你能自己一個人生活嗎？

自從那一天幫太太剝蒜頭後，我也真心想開始學幾道菜，不然以後每天都得傷腦筋去哪用餐，也是很麻煩的事。

就「浪漫面」來說，一起做家事也有機會增進感情。日本近年有一種社會趨勢，就是先生退休回家後，太太便提出離婚的要求，因為她們為這個家奉獻太久太累，想從婚姻中解脫，追求自己想過的生活。男人為避免未來成為孤單老人，真的可以考慮和太太一起做家事，縱然不能像年輕時那般浪漫溫柔、永浴愛河，至少得以平淡平凡、白頭偕老。

不過，難道每一位太太都會做先生包辦的事項嗎？也不盡然。請所有女性讀者捫心自問，如果有很多不懂之處，是不是該向先生學習呢？請大家趁對方仍在世時，趕快互相學習，才能避免在面臨必須獨自生活之際，手忙腳亂、不知所措。

「阿輝，幫我打幾個蛋好嗎？」

10 你要選擇牽掛，還是孤獨？

我有個朋友剛剛退休，年長我幾歲，妻子前幾年去世，兩人並沒有小孩，現在還有一個長住國外、但身體非常健朗的母親。我有時候很羨慕他，因為他只剩下一個要牽掛的親人，但或許他才羨慕我們這些仍有許多親人圍繞在身邊的朋友，因為他大多時候都必須一個人孤獨度過。

他的妻子離世前，曾很遺憾當初決定不生小孩。她說，如果有子女陪在身邊，至少可以幫她繼續照顧仍在世的先生，不會讓他現在如此孤獨。

我的父母都已高齡八十幾歲，三個子女都三十歲左右，加上與我相伴一生的妻子，所以我當然不是一個孤獨的人，但因為身兼人子、人夫、人父，讓心中充滿很多牽掛。

我雖然被大家稱為「樂活大叔」，但生活並不是分分秒秒都樂活，更不可能隨心所欲做自己。或許很多以熟齡為主題的書籍或文章，都要大家放下牽掛、活出自己，但我畢竟是個凡人，這種境界太過理想化，固然值得追求，卻很難達成。

我很喜歡看電影，尤其喜歡一個人看電影。很多人認為看電影是能夠短暫脫離現實的大好機會，對我來說，卻常常出神而想起親人，想到自己在電影院享受獨處時光，但親人或許正面臨身體突發的病痛或情緒低潮，而我卻無法立即協助或安慰，有時還會升起罪惡感。

我常常擔心，萬一年邁的父母此時發生緊急狀況，該怎麼辦？電影一結束，我會立刻看看有沒有親人的未接來電，如果沒有，就會如釋重負。出國旅行也是如此，想與父母聯絡，又怕發現他們身體有恙。有時索性不聯絡，反正真的發生狀況，也不可能即時處理，但心裡總有牽掛懸念。

我的父母親並未與我同住，但都同樣住在台北市，因此我每逢假日，只要沒事就會去探望他們。在打開父母家大門的時候，心中都會默禱，希望待會兒見面時能看到他們一切安好。平日雖然沒有探望，但我會要求自己每隔一兩天都要打電話問安。父親因為輕微失智，早就不肯接電話，所以都是透過母親了解兩人的情形。聲音是騙不了人的，有時從母親的語氣中，就能知道他們今天是否平安。

牽掛健康愈來愈差的父母，是為人子女的宿命，但面對已經長大成人的子女，還該繼續牽腸掛肚嗎？古諺說「兒孫自有兒孫福」，我也完全尊重子女對未來人生的規畫，絕不會過度協助，免得讓他們和時下很多年輕人一樣成為「媽寶」。我認為不該給子女任何建議，因為如果他們聽從父母的建議後失敗了，一定會怪罪父母，但如果我們聽任他們自由發展，就算未來失敗，也不會怪罪於我們。

不過，真能完全不擔心嗎？實際上很難。雖然我不會直接提供協助，但還是會默默操煩。子女唸書的時候，父母比較有幫忙的著力點，但現在除了祝福、禱告之外，真的充滿無能為力之感。

我的三個子女所選擇的工作，真能讓他們無憂無慮地度過他們的人生嗎？如果不能，他們知道如何應變嗎？現在職場的變化，比起我們當年真是天差地遠，我們以往的經驗或許根本無法應付現在，甚至未來的世界，又豈能隨便提出建議？最近連女婿都辭掉固定的工作，自行與朋友創業，讓我又多了一個必須牽掛的人。

不過，就經濟狀況來說，我反倒不必擔心。雖然我和太太都希望能把現金盡量花在自己身上，但我們所擁有的房地產，應該足以在我們過世後讓子女處分，免除他們未來可能面臨的經濟壓力。

我和太太目前雖然都算健康，但總有一天會面臨必須彼此照顧的狀況。畢竟兩人每天都生活在一起，反倒沒有太多「想像中」的牽掛。不過，我們都已做好心理準備，如果未來會成為家人必須長期照顧的病人，就不要進行無謂的治療，免得拖垮家人的精神、體力和經濟。

相對「孤獨」，我寧願選擇「牽掛」，這雖然是宿命，但也是一種值得珍惜的幸福。

11 開心祝福子女結婚吧！

上個月參加了大學同學兒子的婚禮。我們一九八三年自大學畢業，迄今已過三十七年，卻居然只有四個同學的子女結婚了，讓人驚覺時下的年輕人都傾向晚婚，甚至不婚。下一代願意結婚，當然該為他們鼓掌，更要獻上最誠摯的祝福。

大多數人的第三人生，或許都要為子女主持婚禮。以下是我的親身經驗，在此分享給大家。

我是班上第一個請大家吃喜酒的同學。二〇一六年，我的女兒在同學與親友的祝福中結婚了。那次的經驗告訴我，要完全放心，且絕對信任地讓子女籌備婚禮，千萬不要事事過問，也不要提供過多意見。

我當時唯一的要求，是要他們儘早挑選宴客的飯店，最好半年前就確定，然後丟下一句狠話：「不要到最後只能去六星級飯店請客，屆時老爸可付不出錢來！」因為現在大家都在周六、周日宴客，一年只剩一〇四天可挑，此外還要扣掉不吉利的日子及連續假期，能挑的日子就變得更少了。

因為男方家在南部，而我的親友都住台北，所以我和親家公決定辦兩場，免得讓親友必須舟車勞頓。

現在有很多專門的婚宴會館，其實更適合作為宴客的地點，因為其報價中會包含婚禮活動的企畫，可以省下婚禮顧問的開銷。沒有人能保證婚禮愈豪華、愈隆重，往後的婚姻就愈幸福，所以還是不宜過度破費。

女兒原本希望來參加的賓客以他們年輕一代為主，但我也希望能將這份喜悅與我的同輩親友分享，所以最後採取折衷方案，年輕人與長輩的桌數各半。最後，她也很開心，因為長輩包的禮金比較多，才不至於以賠本收場。以我這個財經作家的角度來看，結婚當然不期望賺大錢，但至少不該虧太多，所以多請長輩親友來，是比較務實的做法。

我作為當天婚禮的主婚人之一，總希望有些德高望重的貴賓能上台致詞，給新人一些祝福，所以我邀了我的大學同學，也是時任新北市長的朱立倫來當證婚人。朱市長口才便給，本來以為這樣安排肯定完美，沒想到當場出了一件糗事。朱市長進場時，看到有一桌寫了「某某電子公司的同事桌」，他因為認識這家電子公司的董事長，所以在致詞時特別美言了幾句。沒想到這是我女婿任職的前一家公司，害他婚禮結束後，銷假回去上班時，還被當時任職的公司董事長念了幾句。

有了這次經驗之後，我都會再三提醒，為子女婚禮找貴賓致詞時，一定要把新郎新娘的背景扼要告訴這位貴賓，免得在台上口誤時，想更正也來不及了。

當時我們還很傳統，特地印了精美的喜帖郵寄給有意願來參加的親友。喜帖的印製，當然是完全由女兒和女婿負責囉！不過，未來可能不會再有紙本的喜帖，例如這次同學兒子結婚，就只用 LINE 通知婚禮的時間地點，再由我們回覆「能否參加」「幾個人參加」。甚至隔周我在台藝大的年輕同學結婚，直接就讓我在網路上填寫「參加與否」和「人數」。如果你的子女也決定不印喜帖，請千萬要尊重他們，因為這是未來的趨勢，畢竟比較環保。

作為父親，我的角色就是「付清」，所以他們為婚禮所支出的所有錢，都是我買單，最後再從收到的禮金中扣掉我的支出，剩餘款項則全數交給他們（幸好還有結餘！）只要簡單隆重，一樣能感受到幸福美滿的氛圍，但現在很多婚禮都力求豪奢浪漫，甚至還有可能因此背負債務，我認為實在無此必要。

父親除了付清「當時」的帳單之外，其實還欠下很多人情債，必須在「未來」還清。婚禮結束後，我把每個親友所包的禮金金額整理登記成一張表，以後他們的子女結婚時，我就可以拿來參考，不至於失了禮數。

父母不可能照顧子女到老，他們能找到願意相守一生的另一半，是件非常欣慰的事，也當然該開心祝福。

12 常在臉書互動，告訴朋友你很好

現在很多人都有臉書帳號，有人每天發文十幾則，讓朋友煩不勝煩；有人從不發文，也從不按讚或留言，我認為這兩種做法都不應該。適度在臉書發文、按讚、留言，才能讓生活更美好。

在臉書發文，有個很多人都想不到的巨大效果，那就是讓你「無法反悔」。我們常常對某件事情突然充滿了熱情，但只有五分鐘熱度，為了讓熱情持續，最有效的方法就是在臉書上公告給所有親朋好友知道。一旦公告出去，就不能反悔了！

二〇一八年一月，我突然靈光乍現，決定報考台藝大電影系，一圓四十年前的夢想。下定決心後，我就在臉書上公告。太太對這樣大張旗鼓的高調做法非常不以為然，她說：「萬一最後沒考上，不是很丟臉嗎？」我回答：「考不上才正常，因為我根本沒有實務經驗，所以沒啥好丟臉的。但是如果不去考，那就絕對不可能圓夢了。」

我就是利用臉書的發文，警告自己不可以只有五分鐘熱度，也讓自己勇往直前，絕不後悔。你也有想完成的夢想嗎？請先寫在臉書上，大家才會相信你是認真的。

現在大多數人出門旅遊時，都不會帶相機，因為手機畫質就很棒了。但因為太方便，反而事後都不會花時間整理。我的做法是晚上回旅館後，挑幾張當天比較滿意的照片分享在臉書上，這樣其實就是一種整理。此外，手機萬一當掉，相片有可能全部不見，這時你就會慶幸那些在臉書上分享過的照片，因而得以被保存下來了。雖然現在很多手機都會自動將資料備份在雲端，但這並不具備整理的功能。

不過，千萬不要每天狂發文，甚至猛曬夫妻恩愛的照片，這樣容易讓朋友反感。同時切忌發表與政治、宗教有關的文章，因為這樣做，肯定會嚴重破壞你與親朋好友之間的關係。

除了自己發文，也要對其他朋友的發文不吝按讚或留言。有時我們會在一些社交場合認識新朋友，彼此加了臉書，但若事後不在社群媒體上有所互動，又沒有再次見面的機會，或許就很難交往下去了。

我有幾位原本只是一面之緣的臉友，因為經常在臉書上互動，後來就感覺像是哥兒們一樣，其中甚至有一位，盛情邀我帶朋友去他岳父開的餐廳吃飯，結果我們現在成了真正的朋友。

除了藉此增進和新朋友的情誼外，也要對老朋友的發文按讚或留言，這樣做可以讓老朋友知道你至少還健在。我有個表哥是我的粉絲，我每次發文，他都會按讚。後來有三天他沒按讚，我也不以為意，沒想到就從國外傳來他心肌梗塞猝逝的消息。從此之後，只要我發現有些朋友久未發文或按讚、留言，我就會主動私訊他，問他最近好不好。他若有回答，我就放心了。不吝按讚，就能讓朋友放心，這倒也成了另類的問候。

很多人都批評現代人花太多時間在臉書等社交網站上，但我卻建議正在過第三人生的讀者，真的要在臉書上經常與人互動。如此一來，就算沒有見面，也能知道彼此的近況，有時可以給對方一些鼓勵、打氣，也可以適時給予安慰。

我會定時清理臉友名單，把有些只有一面之緣、在臉書上沒有什麼互動，或是太愛炫富的人刪除，盡量確保臉書上的朋友都是彼此真正關心的人。臉書是私密的園地，別讓閒雜人等來攪局吧！

13 值得交的新朋友，就認真交；不值得交的老朋友，就斷捨離

我曾在臉書上ＰＯ了一則文章，說自己特地南下高雄，觀賞好朋友李崗監製的舞台劇，有一位朋友在底下留言：「你是我所認識的人中，最認真交朋友的人了。」我先以開玩笑的口吻回他：「這是褒？還是貶？」然後很嚴肅地寫道：「第三人生，值得交，就認真交；不值得交，就斷捨離。」

年輕時追求心儀的女生，當然是拿出認真的態度爭取她的好感，

就算耍點心機也不為過。所以當你初識一位自認為未來值得持續互動的新朋友，當然應該主動、認真，把他（她）看作是當年談戀愛的對象來結交啊！

第三人生應該不會缺少「老」朋友，但他們終將逐漸凋零，所以我認為更該努力交「新」朋友，才能讓生活不斷充滿熱情與活力。接下來，就來分享幾個我親身體會的心得與經驗。

一、勤於在臉書上互動

我和人稱「陶爸」的陶傳正，在共同參加某場座談會後成為臉友，然後就展開了用鍵盤「鬥嘴」的友誼。如果對方很愛在臉書上PO文，一定要適時按讚或留言。我們因為這種互動而感覺似乎很熟，但其實只見過兩次面，而且都沒有機會深談。

二〇一九年，「華文朗讀節」主辦單位問我想跟誰對談時，我立刻就提議找陶爸，正巧他也有空，就答應了。後來，我特別約他討論當天對談該如何進行，儘管正事沒談幾句，但給了我們真正能熟悉彼此的大好機會。陶爸是經營有成的企業家，能寫、能歌、能演、能主持，真是第三人生斜槓典範，當然值得我「認真」結交啊！

二、生病或受傷時，一定要去探望

和荒野保護協會許多成員的緣分，來自他們邀我一起去紐西蘭旅行。我在途中一度扭傷腳，特別受到其中一位朋友Tony的沿路扶持。後來他打籃球不慎跌斷了阿基里斯腱，需要動手術才能復原，我就直接去醫院，陪他太太Michelle在手術房外等候，並在他推出手術室時，即刻替他加油打氣。

還有一位也是在紐西蘭認識，綽號叫「主席」的大美女，從家裡高處跌下摔傷，我和太太隔天就開車去她在新竹的住處，陪她聊天打發時間。後來，我們三對夫婦又一起去蘭嶼徒步環島，彼此感情好到有些團員還把我們的夫妻關係搞錯。

三、送禮絕對不要找快遞

大導演李崗是我二〇一九年十月去古巴旅行時認識的新朋友。當時我答應他，回國之後要把我唯一和電影有關的書《一張全票，靠走道》送給他。怎麼送呢？當然不可以花錢請快遞送，這樣真的太沒誠意了。回國後不久，正巧碰到他的生日，我就跟他約生日當天送書給他，當然也要帶個小蛋糕去。更巧的是，我的生日是隔一天，所以我倆就在他辦公室一起過生日了。

再隔一兩個星期，我為了參加當年優良電影劇本獎甄選所寫的劇本，已經印刷裝訂完成，所以當然也要送他一本請求指正。當場他就邀我去高雄看他監製的舞台劇《時光的手箱》，我正巧當晚沒事，就接受了他的邀請。沒想到看完之後，已無高鐵班次可以回台北，只好在高雄睡一晚，隔天再回去了。他誠意相邀，我誠意相挺，這應該就是哥兒們的情誼吧？

四、找機會請教對方的專業

與精通文史藝術的型男作家與主持人謝哲青結識，是因為上他主持的網路節目「下班經濟學」。能和他持續互動，其實是因為我們住得很近，經常不期而遇，後來也漸漸熟識起來。不過，光是在路上點頭打招呼，不可能成為真正的朋友。

我在台藝大的某一堂課需要寫一篇小論文，我挑了近來很夯的網紅現象作為主題，而謝哲青正是我最熟識的網紅，因此我就想請教他在這方面的經驗與觀察，作為撰寫小論文的依據，便和他相約住處附近的星巴克吃早餐。他其實通告、邀約、演講滿檔，但還是撥出時間接受訪問，讓我們的友誼能踏出第一步。

二〇一九年十月的古巴之旅，其實就是由他擔任領隊。在這趟十二天旅程的相處中，跟他的友誼應該又更堅實了。

五、和年輕朋友出去要主動請客

以上所提到的新朋友，年紀都與我差不多，但和我一起攻讀台藝大電影系碩士在職專班的同學卻都很年輕，甚至有些同學的父母還小我幾歲。一年級時，很多科目都是一起上課，但到了二年級，系上能選的課已經不多了，所以我們必須去其他系修課，就有可能再也碰不到面了。

我真的很喜歡和這些年輕同學做朋友，因此建議一年級最後一堂課結束後，由我作東請大家吃飯。席間我提議，以後每三個月，大家輪流找餐廳聚餐，但由大家分攤吃飯的費用，不再由主辦人買單。我們不可能同時畢業，但希望能透過這個方法，讓這份難得的同學情誼永續下去。

最後，我要來談第三人生與老朋友的相處之道。老朋友不外乎兩大類，一是各階段的同學，二是職場上認識的同事、同業與客戶。前者的友誼比較容易持續下去，後者或許會因為退休而沒有機會再往來。

同學們經過幾十年不同的人生經歷，勢必有所改變，不論是人生觀、價值觀、宗教信仰、政治立場，都可能漸行漸遠，如果又在同一個LINE群組裡，常常就會出現不同的看法，輕則打起筆戰，重則退出群組。不過，我建議不要輕言退出，因為這樣也會失去了與其他大多數同學聯絡的機會。

此外，有時會看到朋友發表與我政治立場不同的言論，甚至有一位老朋友，只要在我臉書上留言，不論什麼主題，永遠都能扯上政治。我雖不會與他們爭辯，但我會直接將他們列入「拒絕往來戶」。換句話說，宗教和政治的留言是破壞友誼的最大亂源，務必謹慎為之。

14 我和李崗一路耍心機的古巴之旅

二〇一九年九月，正在台藝大上課之際，臉書私訊響起，打開一看，是院長朱全斌傳來：「你要參加古巴團嗎？謝哲青的太太急著找你。事情有點急，請你今晚務必回電。」我「立刻」走出教室，與哲青的太太聯絡，表達我和老婆都很開心有機會能參加此團，而且連詳細的行程都沒問，就答應隔天去付訂金。

我之所以用「立刻」兩字，理由有三。一是院長交代，哪敢不趕快處理？是不想畢業了嗎？二是老婆的偶像謝哲青帶團，機會難得，當然不能錯過；三是同團大咖雲集，除了哲青、全斌哥，還有李偉文、李崗，能一起出國玩，真是三生有幸啊！前三位都已經是熟朋友了，李崗就成了此行交朋友的「新獵物」。

我當然認識李崗，但他並不認識我。我對他的印象就是「他是某某人的弟弟」，然後看過他監製的兩部電影《阿罩霧風雲》和《尋找一九二〇》，如此而已，其他只能靠Google了。在機場集合時，我像個小影迷一樣，靦腆地和他簡單打個招呼，然後就沒下文了，倒是在飛航途中，與他的太太「崗嫂」有較多聊天的機會。

這位團員口中的「崗哥」，不講話時正氣凜然像張自忠，開口講話時卻妙語如珠像張小燕。我剛開始和他講話，真的是畢恭畢敬、人五人六，後來熟了，就嘻皮笑臉、不三不四了。

我得在此向他表白，想認識他當然是有目的。當時，我完成了人生第一部電影劇本，回國後就要送去參加當年「優良電影劇本獎」的徵選，因此我特別把其中的「劇情大綱」和「人物簡介」列印出來，想趁同行之便，請他過目指教。過了兩三天，和他廝混較熟之後，我再次靦腆地把這幾張A4紙交給了他。我想他心中的OS一定是「原來這小子這麼有心機。」

我也不敢奢望他真的會看，好在古巴行程不是海明威故居、切．格瓦拉銅像，就是喝Mojito雞尾酒、抽雪茄、聽爵士樂，體力上倒也不算辛苦，所以他還真的看了，也給了寶貴的建議。我當然先表達了我的謝意，但還是老實跟他說：「沒時間改了，萬一這次沒得獎，下次再照你的建議重寫。」他聽完，應該是臉上三條線，心中的ＯＳ則改成「算這小子命好，如果他是我的學生，我非把他當掉不可。還『萬一沒得獎』呢！」

在千里達海邊度假村中，我應該又說了一句話，讓他氣得牙癢癢。這位被電影界耽誤的運動健將，既是籃球校隊，又是游泳好手，到了海邊，當然要大展浪裡白條的美技（肌）。上岸後，他說自己像「出水芙蓉」，我卻說「應該是『浮筒』的『浮』吧？」他後來跟嵐嫂抱怨說我笑他是「出水浮筒」。天地良心啊！我只說是「『浮筒』的『浮』」。

他肯定想「君子報仇，三年不晚」。後來，我們兩人在加勒比海的遊艇上，看到女團員們個個身材健美曼妙，不知怎地聊起了「潘金蓮」。這時，他終於逮到機會報仇。他先稱我是「大哥」，我正在沾沾自喜時，他說他是景陽「崗」上的打虎英雄武松，我這才恍然大悟，原來他叫我大哥，是把我當成武大郎啦！這真是我贏了面子（我是大哥），他贏了裡子（他是武松），這應該也算是一種「雙贏」吧？

後來幾天的旅程，他都叫我「大哥」，聽在其他團員心中，肯定說我不知好歹。明明崗哥就比我年長，我還厚顏無恥地讓他叫我大哥，但我真的是「啞巴吃黃蓮，有苦說不出」啊！只有崗嫂知道內情，她還替我求情，叫老公別再把我當武大郎了。我跟崗嫂說：「沒關係，我和崗哥正在發展一個搞笑版的『武大狼和武鬆』的劇本，或許將來還真有可能拍成電影呢！」

最後，我要向同行的另外三個暢銷作家朱全斌、李偉文和謝哲青（按首字筆畫排序）致歉，這篇文章都沒有提到各位，因為在我的心中，古巴只有李崗，沒有海明威！（崗哥，這樣寫，你不會生氣了吧？）

編按：本文原刊於二〇二〇年三月四日聯合報繽紛版

15 常常出國旅遊，就是樂活嗎？

大家常用「樂活大叔」來稱呼我，認為我就是「樂活」的化身，但我其實一直在思考，什麼才是這兩個字真正的涵義？

大多數媒體很喜歡用作者或受訪者的出國旅遊文章或照片，來形塑他們帶給讀者的樂活形象。但是，「旅遊」和「樂活」真的可以畫上等號嗎？如果可以的話，那就窄化了「樂活」應有的豐富內涵。如果讀者也這麼認為，卻又無法隨心所欲出國旅遊的話，除了心生羨慕之外，反而還會帶來更大的挫折。

這些文章的作者常常強調，他們絕大部分都是採用「自助旅行」的方式，更會讓很多讀者望而卻步，因為這牽涉到經費、專業、語言各個層面。若沒有充足的勇氣（甚至是傻勁），一般人其實是很難起而效法的。

旅遊當然是樂活的「方式」之一，但絕不是它的唯一「涵義」。我認為它必須建立在兩個基礎之上，而且只要達到兩個目標，你也一樣可以被冠上「樂活」的稱號。

兩個基礎：「經濟無虞」和「健康無憂」。

如果不能做到，就很難真正樂活。

「經濟無虞」並不是指一定要擁有多少金額的存款，而是讓你在衡量第三人生的收入和支出之後，對於未來的生活能夠不再焦慮。具體來說，只要在股市中能找到股息殖利率五％以上的股票，而這些股息足以支應基本的生活開銷，那就是「經濟無虞」了。台股中具備這種條件的股票其實很多，絕非「不可能的任務」。

「健康無憂」當然是指你的身體沒有長年的病痛。健康在第三人生的重要性，無須我贅言，大家都能認同。沒有健康的身體，心情自然會受到很大的影響，所以務必維持運動的習慣，還應該每年定期做健康檢查，預防永遠勝於治療。無論再怎麼注重健康，第三人生的體力畢竟會不斷流失，所以請儘早在健康允許的情形下，完成所有想做的事。

「經濟無虞」就是「**不窮**」，但不必追求「有錢」。如果錢多到花不完，可能才要更焦慮，因為一定會開始擔心子女要繳太多的遺產稅。

「健康無虞」就是「**不病**」，但不必追求「非常健康」。年紀大了，身體器官多少會出現各種小狀況，但有些人過度重視健康，甚至希望逆齡不老，只要發現一些小毛病就惶惶不可終日，反而矯枉過正，進而對心理健康有所傷害。

在這兩個基礎下，生活當然可以「樂活」，自然也就「**不無聊**」了。

兩個目標：「正向面對人生」和「充滿熱情」。

我雖然寫了很多本理財暢銷書，但從不喜歡以「理財專家」自居。讀者都知道我的投資方法非常簡單，而真正給讀者帶來啟發的，其實是我正向的人生態度。曾有讀者說我是「笑容最燦爛的理財專家」，我覺得自己真的當之無愧。

人生怎會沒有煩惱、苦難？千萬不要來到第三人生之後，還整天抱著不甘願的心態自怨自艾，因為人生不可能重來，一切都只能往前看。如果你對前兩個人生階段不滿意，請記得還有值得期待的第三人生，所以一定要以正向的態度來面對。

如何「充滿熱情」呢？就是不斷嘗試新事物。我不想重彈「活到老，學到老」的老調，因為「學習」是有壓力的，但「嘗試」則不一定要完成。

我有個好朋友在臉書留言：「很羨慕很佩服你追求興趣的熱情，重回學校且沒有任何功利動機，真是美好的事。」我當時正在念台藝大電影系碩士在職專班二年級，與我當年學商的背景完全無關，純為興趣而已，因此完全沒有非拿到碩士學位不可的壓力。我之後絕對不會從事任何電影相關的工作，但當我和年輕同學一起上課時，他們對電影創作的熱情一直鼓舞著我，這就是重回學校的最大收穫。

大多數人不會重回校園念書，那該如何找到熱情呢？我的具體建議是，要積極地「結交新朋友」。新朋友很可能會帶你進行新的活動，這就有機會從事各種不同的嘗試。若沒有他們的引導，一般人很難有動力挑戰新的嘗試。以我為例，這幾年我會去露營、健行，都是因為新朋友的邀請。同時，我的出現，也讓他們知道股票投資其實可以非常簡單、安心。

新朋友不斷加入你的第三人生，你就有機會獲得新的體驗、新的想法，這樣才能達到我認為真正的「樂活」。

16

情願細細品味，也不要走馬看花

「時間」對第三人生來說，是很矛盾的。人的壽命有限，容易感覺時日無多，好像很多事都還沒做，因而非常焦慮。另一方面，由於無須再工作，也無須再承擔教養責任，因此可自行支配的時間變多，但若不善加利用，導致生活空洞，也會感到非常惶恐。

「旅行」就是最明顯的例子。世界這麼大，還有那麼多國家沒去過，怎麼辦？很多人故而瘋狂旅行，希望把書上介紹的所有景點和美食，都看一遍、吃一回。許多旅行團的規畫就是在十天左右的時間內，讓你跑遍三四國，美其名CP值很高，其實不過就是走馬看花、囫圇吞棗。

我在二〇一八年四月上旬參加的奧捷旅行團，就是這種典型的行程。扣除來回航程，在奧地利待三天，在捷克待四天，所有重要的景點都看到了，但號稱最美麗的中世紀古鎮庫倫諾夫，豈是一天就能徜徉？奧地利哈布斯堡王朝鼎盛時期建立的熊布朗皇宮（又稱美泉宮），怎麼可能半天逛得完？

在幾乎同一期間，數年前我去尼泊爾旅行時的領隊Tammy，她花了近二十天的時間，獨自旅行匈牙利、捷克、奧地利。看到她即時在臉書上分享的旅行見聞，我真是羨慕得不得了。我其實是有時間，也可以這麼做，而且她的花費甚至比我更低，但我就是沒信心自己一個人旅行。雖然想要深度旅行，卻沒有能力做到，這恐怕是大多數人的遺憾。某天下午，我們在布拉格下遊覽車，準備入住飯店時，Tammy居然就站在人行道上，這次巧遇是該趟旅行最大的驚喜。

美食及旅遊作家韓良憶一直鼓勵大家要在一個地方「居遊」，透過一個月的時間 long stay，才能真正玩透那個地方。現在也有很多人藉由短期遊學，達到相同的目的。不過，這牽涉到語言的障礙，因此讓很多人裹足不前。既然出國居遊或遊學，不是一般人能做到的事，那麼我們何不在國內這麼做呢？這絕對沒有語言隔閡的問題。

這時，我要舉二〇一八年四月下旬的另一趟旅行為例了。這是為期四天三夜的蘭嶼行程，看似尋常、不足為奇，但我們是用徒步環島的方式進行，而且是一趟充滿文史內涵的深度旅遊。

為了展現決心，承辦的「魚飛文創」還製作了一件T恤，上書「徒步環島，不要載我」八個大字。頂著烈日豔陽，有時還來場短暫的傾盆大雨，我們花了兩天的時間繞行全島一周。這不叫「接地氣」，什麼才叫「接地氣」？

日本四國有「遍路」、西班牙有「朝聖之旅」、美國有「阿帕拉契縱走」，動輒數百，甚至上看一千多公里，都是近年很夯的徒步健行之旅，為何台灣不也來規畫類似的行程，與環島騎單車互別苗頭呢？

很多蘭嶼旅遊行程都會安排參訪傳統的拼板船（也就是大家俗稱的「獨木舟」）製作過程、織布文化及地下屋，但我們這一次花了更多的時間去了解「蘭嶼之父」紀守常神父當年偉大的感人事蹟，這是此行最特別之處。

從台東搭船到蘭嶼之前，我們特別參觀了位於台東白冷教會會所內的「紀守常神父基金會」，也在島上親自拜訪了幾位當年和紀神父一起為達悟族人爭取權益而奮鬥的夥伴，並參訪了極具傳奇色彩，由紀神父親自興建的紅頭天主堂。教堂內居然沒有耶穌和十字架，而且聖母瑪利亞也是依照蘭嶼婦女的形象所繪製，在在見證了紀神父完全融入當地居民生活。

徒步環島當然很辛苦，但能深入蘭嶼的歷史與文化，讓人感到非常充實又興奮。傳統總有一天會式微，歷史也終究會被遺忘，我們何其有幸，能在它們消失之前，向它們獻上最後的致敬。

別奢望在人生最後的歲月中跑遍全世界，何不用更悠閒的心情、更緩慢的步調，好好體會台灣被我們長久忽略的美麗，甚至是哀愁？到了第三人生，情願慢，也不要急！

17 跟團旅行不該再追求CP值

二〇一九年三月底，和老婆去了一趟摩洛哥，總共十五天，一個人花了十五萬元，是一趟非常愉快、難忘，又充滿知性的深度之旅。

帶隊的是摩洛哥權威林婉美，其針對歷史、宗教的解說，知識含量之高，可說幾乎已到爆漿的程度。就算一時無法充分吸收，但至少我們有足夠的時間可以飽覽摩洛哥全境的各種風貌，以及充滿古意的世界遺產級老城，絕對值得所有花費。

很多人都希望跟團旅行能夠「物超所值」，但我認為只要「值回票價」就該心滿意足。一般來說，低價才可能物超所值，高價還要有這種滿意度，簡直是奢望。大家都知道「一分錢，一分貨」，難道旅行社不用賺錢嗎？因此低價幾乎不可能有好品質。

相對以往的歲月，第三人生的時間當然比較多，很適合長途旅行。此外，如果有些積蓄，子女又已成年，無須承擔教養之責，手頭應該比較寬裕，當然就能負擔較高額的旅費，這時真的不該再斤斤計較「時間」和「花費」。

如果要去歐美旅行，千萬不要選八至十天的團。去歐美的直飛時間起碼都在十個小時以上，如果要轉機，加上報到、出關，來回至少就扣掉兩天、甚至三天，結果當地旅遊只剩五到七天。很多人又認為一次多跑幾個國家才划得來，但由於拉車時間一定很長，到頭來只是累得人仰馬翻，景點只能走馬看花。

同年底參加了一個八天行程的波蘭加波羅的海三小國之旅，真的就是一天一個國家。三小國國名已經很難念，連相關地理位置也分不清楚，加上每個國家的首都市容又很近似，所以整個行程走下來，只剩下一片模糊的記憶。好在沒有購物行程，不然真是更沒玩興。當初為什麼報名參加？因為一個人旅費不到五萬元。物超所值嗎？絕對沒有！

別以為只跑一個國家就可以玩得盡興。如果那個國家幅員遼闊，八天還是絕對不夠。以我們二〇一七年參加的加拿大團為例，也是一次慘不忍睹的經驗。當時加拿大早就冰天雪地，整天拉車都害怕半路拋錨、甚至翻車。為人津津樂道的路易絲湖完全被雪冰封、布查花園更是幾乎草木不生、一片荒蕪。該團的每人旅費居然不到四萬元，夠嚇人吧？因為太廉價，團員的素質也參差不齊，大多數人進了風景區，直接買紀念品走人，而且本來沒有購物行程，結果應大家要求，還去了名牌服飾店瞎拚。

最誇張的團費是二〇一四年去大陸江南八天的行程，一個人不到七千元，擺明就是購物團，而且領隊一開始就說要進五個購物站。我和老婆打定主意，每進一個購物站就買一兩個最便宜的東西交差了事，免得尷尬。後來把這些購物的錢攤回去，一個人總花費也不過一萬五千元，光買機票和五星級飯店住宿費都不夠，也算值得了。有些團員就是吃人夠夠，什麼都不買，最後只是壞了自己和大家的興致罷了，更划不來。不過，能看到大陸導遊在遊覽車上飆罵團員，也算是一生難得的經驗。但你問我下次還要參加這個團嗎？肯定是不會了！

跟團旅行如何確保值回票價？倒是有一個撇步，那就是自己找至少十五位朋友成團，讓旅行社為我們量身訂做滿意的行程。二〇一六年去紐西蘭、二〇一八年去克羅埃西亞、斯洛維尼亞及波士尼亞，就是幾乎都和認識的朋友一起去，旅遊滿意度破表。唯一的遺憾是沒機會認識新朋友，缺少旅遊可能帶來的驚喜，不過這已經是瑕不掩瑜了。

我到目前為止還沒看開的是搭機時，至少要搭乘商務艙以上的等級。這些額外的升等費用，有時甚至都可以再參加一次旅遊了。不過，隨著年紀愈來愈大，真的該考慮用錢來買「舒適」，才能避免長途飛行的勞累，換取更好的旅遊品質。千萬別為了省錢，害自己累倒，屆時說不定醫藥費是升等費的好幾倍，甚至好幾十倍呢！

第三人生的旅遊，該追求的是「品質」，絕對不是「價格」。

18 與好友露營，人生一大樂

十年前，我和老婆去北海道旅遊時，和其中的十位團員成了好朋友。回到台灣後，我們還經常相約吃飯、旅行，並在這幾年迷上了一起露營。

我們曾經住過好幾次民宿，但住宿費畢竟不便宜，正巧其中三對夫婦以往都有露營的經驗，於是提議：這種方式不僅花費較少，而且更能親近大自然，何不一起露營？

乍聽之下，我其實興趣缺缺，因為學生時代對露營的印象就是克難、狼狽，現在都已年過半百，還要受這種苦嗎？但老婆興致勃勃，只好勉為其難配合，開始張羅各式露營用具，當然包括最重要的帳篷。

老婆說，她一定要買可供全家五口一起睡的大帳篷，因為這樣才可以筆直「走」進帳篷，而不必彎腰「爬」進一座兩人小帳。

然後，聽從這些露營老鳥的建議，又買了外帳、摺疊桌、休閒椅、充氣墊、保溫冰桶、卡式瓦斯爐，營帳燈，林林總總一大堆東西。把這些裝備，以及要帶去的棉被、枕頭等物品裝上車時，才赫然發現我的休旅車差點裝不下。

露營老鳥事先告訴我，現在的營地不只水電供應無缺，而且衛浴設施一應俱全，早就和我學生時期的露營印象完全不同，再也不必生火煮飯、就地解決大小便，也可以洗完澡再睡覺了。這些便利性，讓我消除了原先的恐懼。

出發前，大家約好第一天的晚餐，各家要準備兩道菜，甚至要先提出菜單，免得菜色重複。再來確定飯後甜點、咖啡、茶、水果、零食，還有隔天的早餐由誰負責。

這樣安排看來很理想，但沒想到大家怕失禮、怕被笑小氣，所以分量準備太多，吃都吃不完，非常可惜，只好把剩菜剩飯留到隔天中午繼續吃，結果還是剩一大堆，最後就各自打包回家了。有了第一次的經驗後，大家知道要節制，不必暗自較勁、拚面子，從此就不再有過量的煩惱。

我們這一群人，先生都比太太會做菜，我是唯一的例外，所以只能分擔洗碗的工作。有一回，老婆跟大家說，我煮的稀飯很好吃，所以就被指派隔天早餐煮稀飯，結果居然大大失常，放了太多水，煮了好久，害大家餓肚子等待。最後，眾人決議以後我還是別幫忙比較好。

此外，為了一起吃飯、喝咖啡，大夥還另搭了一座共用的餐廳帳，更有很多我這個露營菜鳥想都想不到的器具要準備，在此就不一一詳述，畢竟我也記不住那麼多細節。幸好有這些老鳥，才能讓露營生活更便利。

飯後喝咖啡聊是非、笑鬧閒扯、葷素不忌，再加上山裡涼風徐徐，明月皎潔、星光閃爍，說有多愜意，就有多愜意，這是露營最開心的時光。與民宿相較，露營讓大家更自在、更放鬆。

露營第一天，總能帶來最大的快樂，但隔天收帳篷，對我來說就是大挑戰，如果還碰到下雨，那就成了大災難。晚上必然有露水，地上也必然有泥土，所以收帳時還得曬乾或擦拭。最難的是要把大大的帳篷放進小小的收納袋裡，每次都把我折騰個半死。有一次在大太陽下收帳，又熱又累，還差點中暑。

最近我們幾乎都只去一個固定的營地，因為該地在每一個營位上都蓋了雨棚，底下又鋪了棧板，不必再怕下雨，而且防露水，又不會在帳篷底下沾上泥土，讓大家收帳變得非常輕鬆。我們會同時另外租一個營位，拿來煮菜、吃飯、聊天，這樣連餐廳帳都不用搭了。

最近一次露營時，我跟其中一個朋友借了他們很久沒用的兩人帳，雖然彎腰進帳蓬有點吃力，但搭帳蓬只花不到兩分鐘、收帳蓬不到五分鐘，真的太輕鬆了，所以我和老婆慎重考慮要把那笨重、龐大的八人帳賣了，反正子女跟我們露過一次後，就沒有意願再參加了。

目前露營風氣正夯，想在假日前往設施較好的露營地，可能都至少必須半年前預定。如果你已經退休，建議可以平日造訪，既容易訂到，又不會像假日那樣吵雜。如果能偕同都已退休的三五好友一起出遊，那真是人生一大樂事。

Part

2

關於理財——正確「錢」意識，人生更有意思

退休後的金錢像一杯水，千萬別不知節制，也別捨不得喝。其實，只要靠兩檔 ETF，就能確保穩定的收入來源。

01

老了，對錢的態度應該是什麼？

老了之後，對錢能看開的人，應該都是經濟無虞的人。但對錢看不開的人，可能很有錢，也可能沒有錢。

我的基本態度是先善待自己，行有餘力再為子女著想，但很多人卻反過來，事事先想到子女，剩下的才給自己。

我應該算是經濟無虞，但還不算是有錢人。在子女念大學的時候，我就跟他們說，我只負擔他們的學費到大學畢業，以後要念研究所，甚至要出國繼續深造，請自己想辦法。他們大學畢業之後，我又跟他們說，我也不會資助他們創業，如果真的想創業，還是請自己想辦法。

很多父母狠不下心，怕子女吃苦受罪，所以想盡可能留很多錢給他們。我認為愈擔心子女，他們就愈無法獨立。他們的人生還很漫長，我們不可能陪伴一輩子，所以強迫他們早一點建立足以養活自己的能力，才是做父母最重要的責任。

我不會幫子女出大錢，平常卻很樂意出點小錢，譬如全家人出去聚餐，或者和其中一位子女吃飯，都一定是我買單。很多人認為，養育子女這麼多年，是時候輪到他們出錢請父母吃飯。我反而認為，只要我請客，子女應該會非常樂意與父母吃飯，但要子女出錢，或許他們基於經濟考量，反而會降低與父母見面的意願。

對於某些大錢，我也會願意出，譬如幫子女投保二十年期的終身醫療險。只要我還活著，就會幫忙繳保費；一旦我不在了，之後的保費就由他們繼續繳（這樣不知道可否保證他們會孝順我二十年？）此外，子女若要買房，我會資助頭期款的一小部分，但絕對不可能是全額。

別太期待子女的報答。現在物價飛漲，薪水卻不漲，他們能養活自己都很不容易了，只要不伸手要錢已屬萬幸。所以我建議為人父母者，不要強求孝親費了。

和子女在金錢方面「劃清界線」後，就可以開心花錢了。而且在投資理財上也可以相對保守，因為這時已經不需要再積極努力賺錢。

如果你是有錢人，就更應該盡情享受，也更不該浪費時間精力在投資賺錢上。**以前的人認為「養兒防老」，現在萬萬不可有這種奢望，而應該要「養老防兒」**。最好要給子女「老子不會留什麼遺產給你」的印象，也絕對不要為了規避遺產稅，在生前就想方設法轉到子女的名下。媒體上有太多這種棄養父母的新聞，千萬不要以為不會發生在自己身上。

如果你沒有什麼錢，甚至擔心無法靠此終老，當然就沒有開心花錢的資格。這時候最重要的事，就是千萬不要被子女拖垮。已經養育子女到成年，早就仁至義盡，絕對不能過度寵溺，讓他們變成「啃老族」。媒體上也有太多這種要錢不成就殘殺父母的新聞，大家千萬要避免這種悲劇。

俗話說「有錢不是萬能，沒錢萬萬不能」，又說錢是「生不帶來，死不帶去」，所以到了第三人生，錢只要「夠了」就好。每個人對「夠了」的定義都不同，我認為只要降低物欲，一定就會夠了。物欲太高，擔心錢不夠花用，就得繼續拚命賺錢，這樣怎能擁有自在的第三人生？降低物欲，並不是要你盡量省錢，是要你重視「品質」而非「價格」，情願好一點，而不是多一點。

不要再買過多身外物了。就算你認為這些都是寶貝，但往生之後，子女大概會一口氣全部扔了。應該把錢花在一些特殊的體驗上，這些會成為回憶，而不會成為子女眼中無用的遺物。把錢拿來買「時間」，因為它不該被浪費在無意義的事情上；把錢拿來買「舒服」，因為體力不該被無謂地糟蹋。

第三人生，千萬不要被錢綁架！

02 第三人生還需要追求複利效果嗎？

很多人都知道，投資時，透過複利的計算，將可以創造驚人的財富累積效果。不過，我要請大家思考一個問題：到了第三人生，你有必要想到二十年後能累積多少財富嗎？

我用兩個不同年齡的人來舉例說明。小陳今年四十歲，有穩定的工作，他以一〇〇萬元進行投資，假設每年有一〇%的報酬率，過了二十年，他六十歲退休時，依複利計算，原先的一〇〇萬元就會累積到六七二萬元。老王現年六十歲，已經退休，他存了六〇〇萬元，統統統拿來投資，報酬率同樣也是一〇％，過了二十年，他八十歲的時候，依複利計算，財富將會累積到四〇三六萬元。

我認為小陳當然該追求複利效果，因為這樣做，財富會是原來的六至七倍，而且最重要的是，他還有固定的薪資收入，所以有能力把當年賺來的投資收益再投入，累積複利的成果。

反觀老王，如果像小陳一樣，把當年賺來的投資收益再投入，到了二十年後，將會成長到四〇三六萬元，我相信即使他活到一百歲，也一定不會擔心錢不夠用。不過，他何必等二十年後再來花這四千多萬元？或許他根本就活不到八十歲，屆時就會留太多錢給子女了，這真的有必要嗎？

大家都聽過一個比喻：退休以後能花的錢，就好比一杯水。有些人捨不得喝水，結果過世後水還剩很多，當然就很可惜；有些人喝水不知節制，沒幾年就喝光了，人卻還活著，這樣當然就很可憐。

我相信，絕大多數人的水都不會太大杯，所以都很擔心發生後者那件可憐的事。這時候，一定要透過適當、穩健的投資，讓杯子裡隨時能注入新水，這樣一來，錢不夠用的焦慮感就能相對減輕。然而，你也不該讓水一直源源不絕加入，加到滿出來，你都喝不到，那不就浪費了？

在第三人生，如果把當年賺來的投資收益再投入，不就是讓新水不斷滿出來，結果喝不到嗎？這時，我們再換成小陳的身分思考：他四十歲的時候，杯子還空空的，即使注入新水，也不至於滿出來，所以就不必擔心喝不到。

簡單來說，第二人生喝的水要比新注入的水更少，才能累積得愈來愈多，但第三人生喝的水如果比新注入的水更多，其實也無妨，只要確保一直新水會不斷倒進杯中就好了，重點是「會不斷倒進」這五個字。

不過請注意，通貨膨脹率會讓你原本的那杯水默默、慢慢地蒸發掉。也就是說，從銀行定存利息加進來的水，實在太少了，絕對無法彌補逐漸蒸發的水分，所以那杯水其實根本沒有增加。換句話說，在投資各式金融商品之前，要先確定其利息收入，至少要具備能打敗因通貨膨脹而減損的實質購買力。

上述老王的例子提到，他每年的報酬率是一〇％，這其實並不容易達成，但只要認命一點，一年只以賺五％為目標，就相對容易；一旦想賺更多，反而會連五％都賺不到，甚至還可能倒賠，也就是不小心打翻杯子，讓水灑出去，這絕對是第三人生的投資大忌。

只想賺五％，為何容易達成？因為你只想賺股息，不妄想賺價差，而目前台股中每年股息殖利率超過五％的股票非常多。想賺的比五％還多，就一定要從賺價差來取得，但這樣反而很容易賠錢。

老王的投資本金為六〇〇萬元，每年賺五％，也就是每年賺三〇萬元，夠不夠第三人生花用呢？這要問老王才知道了。如果換作是你，夠嗎？此外，萬一生活上有急用呢？萬一發生股災呢？發生這兩件事，就像是水不小心灑出去了，如何預防呢？

我建議讓第三人生安心的財務條件，具體來說，就是要備有未來一年生活費二十二倍的錢。以老王為例，他需要的應該是六六〇萬元，然後拿其中的六〇〇萬元，找到每年確定可賺五%的標的，賺進三〇萬元，剩下的六〇萬元則用來支應生活急用，或股災來臨時不進場的生活花費。

這項財務條件，還必須要配合兩個前提，就是已經買了足夠的保險，以及擁有自住的房子，且繳清貸款。如果沒有這兩個前提，你所需要的錢就不會只有二十二倍，也就會離安定的第三人生愈來愈遠。

如果已經具備這些條件，而且第三人生每年都「有賺錢」，認為自己「不窮」，當然就能「開心花錢」。因此別再算複利了！

03 退休後，到底該不該賺錢？

我有一個好朋友，是PART 1提過的海洋大學的退休教授蘇達貞，大家都稱他「拖鞋」。某次，他應邀到台北演講，講題是「不老革命」。他的太太私下用LINE傳了訊息給我，說拖鞋在演講中會提到我，還說他會對我所推廣的理財觀念，提出一些不同的看法。

我當天本來有別的事情，不克前往聽講，但真的很好奇，他到底會說些什麼呢？所以立刻決定改變行程，或許有機會能在當場做個澄清，或至少讓演講能擦出一些意外的火花。

我趕到現場時，演講已經開始了。拖鞋在台上看到我進來，還跟大家說：「財經作家昇輝到了，待會兒或許可以請他上台講幾句話。」台下有些聽眾知道我，可能覺得賺到了，因為還能多聽到我講些理財主題。

拖鞋講到一半的時候，開始提到了他認為退休之後對錢應有的正確態度。他說他現在一個月只需要六千元就夠了，希望大家不要再對錢過於焦慮，所以他最重要的理念是「退休後，不該賺錢。錢不是最重要的一件事，因為我們不需要太多錢，一樣可以把生活過得很精采、很有意義。」

他的這段話，我幾乎完全同意，只對「不該賺錢」這四個字，覺得有待商榷。其實很多與「退休」「熟齡」有關的書籍，也常常避談「投資理財」，一來可能作者本人經濟無虞，無須再為金錢煩惱，二來這些書多以「勵志」及「生活安排」為重點，不會在金錢上多所著墨。

不過，以我的觀察，一般人退休後最焦慮的還是「錢夠不夠用」。這一兩年，有些單位邀我演講的主題不一定是「投資理財」，也會找我分享「從人生起落到任逍遙」的個人經驗，但結束後的Q&A時間，大家幾乎都還是問與理財相關的問題。

我一直很擔心有些勵志作家，可能會誤導讀者「錢不重要」，結果讓大家抱著鴕鳥心態，一步步走向「下流老人」的下場。我的態度是：

錢很重要，但沒有重要到要每天念茲在茲，努力賺錢。

等拖鞋完整陳述了他的理念後，他就請我上台。我一上台，就說我同意他說的「不該賺錢」，但我要加兩個字，那就是「不該『努力』賺錢」。

大家在退休前，為了養家活口、教育子女、甚至繳清房貸，當然都是拚命賺錢。退休後，子女教養責任已盡，當然應該好好享受餘生。這時，絕對不該再將「節儉」當作是美德，只要不胡亂揮霍，花錢不應再錙銖必較，適度的享樂才能對得起以前的辛勞與勤儉。

如果你有月退俸，或是每個月都有一筆固定的收入，而且這些錢足夠你過得不至於太拮据，我就認為你「不該賺錢」。如果每個月的收入不多，造成你必須節衣縮食度日，我就認為你「應該賺錢」。如果你只有一筆退休金，或是你沒有退休金，只有先前存下來的一筆錢，那就更「應該賺錢」了。

如何做到「應該賺錢」，但又「不該『努力』賺錢」呢？那就是絕**對不該只把錢存在銀行的定存，而應該適度投資。**投資報酬率的目標請訂在五％就好，因為這樣至少能打敗通貨膨脹率，不至於讓你的實質購買力逐年下滑。在台股，要找到每年股息殖利率超過五％，並且不會倒閉下市的股票，其實不難。**如果不知道如何選股，就去買強調「高股息」的ETF。**

我最不贊成為了留下更多的錢給子女，而去「努力」賺錢，或是繼續省吃儉用。把子女教養成人，能夠獨立生活，做父母者已經是仁至義盡了。若還看不開，繼續拚命努力賺錢，或捨不得花錢，子女將永遠是長不大、不能獨立的「媽寶」。

如果你買的保險足夠支應任何傷病，而且房子是自有的，並已繳清房貸，再加上安全穩當的投資，就可以安心度過退休生活。

退休後，錢當然重要，但夠用就好。我認為還是「要賺錢」，這樣可以帶來更大的安全感，但「不要努力賺錢」，因為這樣反而有可能讓退休生活變得非常焦慮，結果得不償失。

04 每天在股市殺進殺出，可能會成為健康的殺手

很多人在退休後，不知道該怎麼過日子，就只好每天從早上九點到下午一點半打開電腦，或到證券公司營業大廳看盤、買賣股票，把它當作一天最重要的事，甚至可以說是拿「玩股票」來「打發時間」。

有人說，買賣股票才不會得老人癡呆症，因為需要動腦，腦袋既然在運轉，當然就比較不容易失智，似乎也言之成理。不過，我有兩個疑問，一是難道沒有其他可以動腦的活動嗎？二是股票大跌時，難

道不會因為心情不好而得憂鬱症嗎？

我有個擔任家醫師的醫師朋友告訴我，只要台股行情不好，他的病患就會突然多起來。他們並不是真的患有嚴重疾病，多半都是因為心情不好而影響到健康。

我曾參加某個保健雜誌所辦的論壇，主講者除了兩位醫師之外，也特別邀了我這個財經作家。據主辦單位說，投資理財順利與否，和健康是息息相關的。醫師可以提供來賓保健和飲食的建議，但心裡能否篤定踏實，卻有賴財經作家的建議。

現代人幾乎都會從事投資理財，除了把錢存在銀行之外，大家最熟悉的投資工具就是股票了。每個人買股票，都是希望找到未來能賺錢的股票。賺錢有兩種途徑，一是「賺買賣之間的價差」，二是「領公司配發的股息」，大多數人都希望賺前者的錢，因為或許當天就能獲利，不像後者一年只能領一次（現在有些公司已經改採每季發放），對投資人的吸引力當然更大，不過相對來說，每天關心股價漲跌，就容易讓心情比較焦慮。

如果傷神卻能保證賺到錢，我覺得至少還值得；但如果傷神還賠錢，真的就是應了那句「賠了夫人又折兵」，何苦來哉？在大家的認知中，十之八九的股票投資人都是賠錢的。若真是如此，這種既傷神又傷財的結果，就是非常普遍的現象了。

請捫心自問，你也是同樣的結果嗎？

如果不是，恭喜你，證明你有資格在第三人生以「玩股票」作為生活的重心，不過，有必要花這麼多精力和時間，這麼努力地賺錢嗎？第三人生畢竟時間已經沒有以往多，何不把握機會做些以往想做卻沒時間做的事，或去些一直想去卻沒機會去的地方？這時，千萬別讓「金錢」綁架了你的「生活」。

如果你就是花費時間精力卻又賠錢的人，就該想想，是否還要繼續這樣做？我不會勸你別再碰股票，這肯定是強人所難，只是想勸你換個方法罷了。我的建議很簡單，就是**放棄「賺價差」，改成選擇「每年都可領股息」的股票。**

只要注意「這檔股票會不會下市變壁紙？」「是否上市幾十年來，每年都能穩定配息？」符合這兩點，再加上股息殖利率至少有五%以上，就能確保擺脫「買股票註定賠錢」的宿命。

如果只想領股息，就不必太在意現在股市已在萬點之上了。許多不在乎股息、只想賺價差的人深怕套牢，才會苦等跌破萬點的進場時機，結果反而錯過了持續好幾年的大多頭行情。第三人生只剩「短短幾個秋」，哪有時間等到跌破萬點才進場？只要你對想買的股票的股息殖利率滿意，就進場吧！

「領股息」是確定會發生的事，但如果你敢在大盤大跌，不論發生任何重大利空，都抱定「大不了套牢領股息」的心態，勇於買在低檔，或許還有「賺價差」的額外獲利呢！

如果不知道該選什麼個股，就買目前台股中最具代表性的兩檔ETF：0050和0056，它們都符合「絕對不會下市變壁紙，而且上市以來，每年都能穩定配息」這兩大條件。

活到第三人生，在股市求的應該是「確定」的收入，也就是「領股息」，它一定會有，只是多寡的問題。既然做到了「**不窮**」，心情當然比較能夠篤定。如果求的是「期望」的收入，也就是「賺價差」，沒人能保證一定會賺，心情當然容易焦慮，一旦虧損，甚至會影響到健康，不就無法做到「**不病**」了嗎？

05
股災來臨時，該抱現金還是股票？

二〇二〇年三月，台股跌破九千點、美股跌破兩萬點。當時，如果有人問你「退休後該抱現金，還是該抱股票？」我相信絕大多數滿手套牢的人，一定會說「該抱現金」，而只敢把退休金放銀行定存的人也會慶幸自己「沒買股票」，但我卻想顛覆各位的想法：「我認為該抱股票。」

股市大跌時，只敢把錢放在銀行的人，一定會嘲笑或同情那些買股票的朋友，甚至可能很想告訴他們：「早就跟你說，買股票都沒有好下場。你看，定存利息雖然很少，但我至少不會賠錢。」

放銀行定存，真的不會賠錢嗎？「帳面金額」當然沒有短少，但每年的通貨膨脹率其實早已默默地侵蝕了你的「實質購買力」。在退休後普遍沒有其他收入的情形下，只好愈來愈節儉。本來想用退休金好好享受人生，慰勞自己早年的辛苦，結果定存利息低到根本無法實現這個小小的心願。

美國為了救市，聯準會無預警地將基準利率連降六碼，已經趨近於零利率，各國央行當然開始競相降息，台灣當然也不例外，結果台銀一年期定存利率居然已經來到〇．八一五％。這個利率在二月分還有一．〇六五％，以跌幅來看，竟高達二三％以上，這難道不也是另一種虧損？未來的利率走勢看來只會繼續降，幾乎不可能回升了，所以只敢把錢放在銀行定存的人，就其所能享受的生活品質而言，其實也可視為「類下流老人」。

雖說如此，有些人或許會認為，這樣總比買進股票、面臨資產腰斬的慘況要好多了，但我倒認為不盡然，要看投資人持有哪些股票而定。如果是持有「並非幾十年都有穩定配息，而且很有可能下市」的股票，當然還不如把錢存在銀行定存。如果是持有「幾十年都有穩定配息，而且大到不可能下市」的股票，即使現在帳面呈現虧損，但長期來看，想必遠勝定存利息喔！

我以兆豐金（2886）為例，即使買在二〇二〇年二月的三十三元高價區，當年配息一．七元，股息殖利率（股息÷股價）就超過五%。換句話說，如果把三萬三〇〇〇元存在銀行定存，明年利息連三〇〇元都不到，但兆豐金卻可以發給你一七〇〇元，等於給了五年以上的利息。

兆豐金幾十年來有沒有配息？有！兆豐金會不會下市？不會！

難道你認為未來兆豐金「永遠」不會重回三十三元以上嗎？如果擔心，就真的只能把錢拿去銀行定存了。若股價真的回不去，銀行利率肯定更低。

任何個股都可能出現突發利空，兆豐金當然不例外。如果你完全不知道該怎麼選股，不妨考慮買進連結台股ETF（指數型基金），其最大的優點就是可以完全分散風險。當中最具代表性的就是元大台灣50（0050）和元大高股息（0056）。

0050和0056每年有沒有配息？有！除非有一年台灣幾乎沒有上市公司配發股息，才有可能不配息。

0050和0056會不會下市？不會！因為這五十家和三十家成分股絕不可能「同一天」倒閉。

任何個股都可能出現突發的利空，0050和0056的所有成分股當然也不例外。但是，其中任何一家出現利空的那天，其他成分股幾乎不可能同一天出事，所以這兩檔ＥＴＦ已經完全做到分散風險，比投資任何個股都要更安全。

即使股災來臨，只要留下兩年的生活費，其餘金錢就可以放膽在「幾十年都能穩定配息，且大到不會倒」的股票上套好套滿！

06

買股票，有可能穩賺不賠嗎？

「穩賺不賠」應該是所有人在投資理財時追求的首要目標，但對於進入第三人生的朋友來說，這卻是最起碼的要求，因為此時已無固定收入，所以絕對要避免因投資而賠光退休金或儲蓄的風險。

有一次，我去某公家單位對退休人員演講，一問到：「退休理財的目的是什麼？」台下立刻有人回答：「保本。」我再問他們：「什麼理財工具可以保本？」大家第一個想到的是銀行定存，第二則是保險，反而沒有一個人認為股票可以保本，但真是如此嗎？

如果只求保本，又何必投資理財呢？我認為，不只要追求「保本」（也就是「不賠」），更應該求「穩賺」。

定存表面上看起來保本，但實際上是必賠。你或許會質疑：把十萬元拿去銀行存定存，那筆錢永遠都還在，怎麼會不保本？但是今年十萬元能買到的東西，明年「可能」就買不到了，若假設放到五年後，那「肯定」是買不到相同的東西了，這是因為每年的通貨膨脹率一定會侵蝕實質購買力，怎麼能說是保本呢？

絕大部分的保險應能保本，但是保的可能是「受益人」的本，而不是你這位「投保人」的本，因為你或許已經不在人世了。此外，萬一急需用錢，必須把儲蓄險解約，還得付一筆違約金，那就肯定不保本了。然而，即使你仍健在，也沒有中途解約，但有些保單並不能保證還本，像二〇一八年，某家壽險公司所賣的投資型保單就曾經發生這樣的狀況，還害保戶去公司抗議。而這些卻是壽險顧問和銀行理專最愛賣的商品，大家可能或多或少都有幾張。

在大台北地區投資不動產，或許可以穩賺不賠，但這絕非大多數人能夠從事的投資行為，而且它的變現性最差，真的急需用錢時，還是有可能賤價求售。

債券因為風險低，所以報酬率也不一定能打敗通貨膨脹率，而且如果買的是海外債券基金，那就又牽涉匯率風險。除非台幣不斷貶值，否則投資外匯也不可能穩賺不賠（沒有人因為這樣就期望台幣一直貶值吧？）。另一方面，黃金因為永遠不能生出股息，所以從來都不是股神巴菲特推薦的投資工具。

我接下來要顛覆大家一個觀念，那就是目前股市中，真的有可以「長期」穩賺不賠的股票。如果你想追求「短期」穩賺不賠，那就是阿湯哥演的「不可能的任務」了。

台積電會是長期穩賺不賠的標的嗎？絕對不是。雖然台積電已是世界級的公司，也在全球半導體供應鏈中占有舉足輕重的地位，但萬一哪天人類有了新發明，完全取代了半導體的功能，台積電也可能成為下一個柯達（當年相機底片的霸主）。綜觀台股，多少曾經的股王都已風光不再，甚至淪為雞蛋水餃股，怎麼可以期待任何「個股」永遠穩賺不賠呢？

只有買指數型基金（ETF）才可能穩賺不賠。我以台股中最具代表性的ETF「台灣50」（0050）為例，它由台股中市值前五十名的股票所組成，每年都穩定配息，而且五十家公司絕對不可能同一天倒閉，所以絕對不會像所有個股一樣有下市的可能。就算台積電真的發生前段所述的情事，也不過就是從前五十大市值名單中剔除，還會有其他股票會補上，所以絕無下市之虞。

然而，它的股價每天都在波動，甚至在股市交易時間內，分分秒秒在變動，怎麼可能穩賺不賠？所以我強調的是「長期」獲利。正因為每年配息，股息殖利率又勝過通貨膨脹率，而且不會下市，所以就算套牢也無須擔心，就把它當存股、領股息吧！即便以最極端情況來設想，假如這五十家公司果真同一天倒閉，我相信屆時新台幣也將成為廢紙。所以我常說，0050的「終極」風險和銀行定存是一樣的。

大多數人不可能完全篤定身邊的錢足以讓自己安享餘年，所以絕對不該過分「保守」，只敢把錢存在銀行，而應該適度「積極」賺取投資收益，而0050就是在積極投資中最保守的標的。

07 該追求比0050更好的ETF嗎？

愈來愈多投資人認同ETF（指數型基金）是現今最簡單的投資標的，但目前台股有超過兩百檔的ETF，該怎麼選呢？或許很多人都知道，我一向只分享台股最具代表性的兩檔ETF——0050和0056，但難道沒有別的ETF可以考慮嗎？

回答這個問題之前，我想先問大家：第三人生該用什麼心態來進行投資理財呢？我認為在此階段，真的不該花費太多時間和精神「努力」賺錢，而應該用最「簡單」、最不費力的方法追求安穩保守的獲利。既然0050和0056已經可以讓你安心不焦慮地獲得穩定報酬，又何必認真研究其他ETF呢？不過，如果你還是希望有其他ETF可以選擇的話，以下就是我對此一問題的回答。

我想先用消去法來說明，也就是請避開以下的ETF。

一、不要買不懂的股市或商品所連結的ETF

現在最夯的其他股市的ETF，非陸股莫屬了。陸股其實是資訊相對不透明的市場，但大家之所以躍躍欲試，多半是因為陸股走勢已經低迷多年，讓人認為「總該輪它漲了吧？」但是，就像許多年前大家都預測人民幣會升值，拚命存人民幣，結果卻導致嚴重虧損。陸股未來真的會補漲嗎？除非非常了解大陸的政經情勢，能夠正確判斷，否則實在該避而遠之。

連語言相通的市場都尚且難以了解，其他國家的股市對絕大多數的人來說，肯定就更陌生了。身處第三人生，真的有必要花時間精力了解各國股市嗎？如果只是單純覺得台股指數屬於高基期，所以該出脫，然後轉進低基期的他國股市的話，我認為或許是種過分一廂情願的想法。

同樣的道理，也不建議大家買賣不熟悉的商品類ETF。

二、不要買衍生性ETF，也就是各種ETF的正二和反一

就算要買，也請進行短線交易，絕對不能長期投資。我以很多人都愛買的元大台灣50反一（00632R）為例來說明（編按：此商品特色是若預期大盤接下來會下跌，則反向ETF就會上漲）。絕大多數的人都看壞台股的未來，所以很愛買反一，甚至有人從八五〇〇點就一路買反一。如果你從那時抱到現在，都不停損，那真的損失慘重。

此外，因為發行反一的投信公司其實是透過期貨交易反映其淨值，導致交易成本很高，所以千萬不要以為跌回原來買進反一時的指數，就能解套。二〇一八年十月，指數最低九四〇〇點，反一股價

最高來到十三．八九元。二〇二〇年三月，指數最低來到八五二三點，反一股價最高來到十三．九四元。換句話說，兩年來，指數跌了八七七點之後，反一才終於解套了。由以上這則實例可以得知，反一是絕對不能長期持有的。

因為只適合短線交易，甚至當天就該平倉，所以一定要在盤中盯盤，否則難以掌握當天的漲跌。但是身處第三人生的你，豈該如此浪費寶貴的時間？

三、不要買成交量太低的ETF

成交量太低，買方可能買到過高的價格，賣方可能賣到過低的價格，真的碰到閃崩時，肯定求售無門，損失更慘。此外，近幾年也發生過成交量太低，導致ＥＴＦ規模太小而下市的情事，更是不得不慎。我認為每天最起碼的成交量應該在百張以上。

四、最好不要買沒有配息的ＥＴＦ

買ＥＴＦ當然可能會套牢，所以最好買有配息的ＥＴＦ，因為有配息，又因成交量大不會下市，自然就無須太過焦慮，甚至根本不必停損。

扣除以上這四類ＥＴＦ，請各位自行研究每一檔ＥＴＦ選股的標準，以及其成分股的相關資訊，再決定是否買進。我絕對不是在「推薦」0050和0056，我只是在「分享」自身的投資經驗，以及投資這兩檔ETF所帶來的安心、簡單感受而已。

現在很多ETF專家開始透過拆解各ETF的成分股，提供買進的建議，然而，這已經與原先以「簡單」為訴求來推廣ETF投資的本意背道而馳了。大家買ETF，就是希望不再陷入「選個股」的焦慮循環中，但現在又開始煩惱要「選什麼ETF」，這不是很矛盾嗎？

08 外幣投資是必要的嗎？

我一向主張「任何投資都不該暴露在兩種風險之上」，所以我對任何外幣投資都抱持比較保留的態度。

很多人喜歡從事外幣投資，以最簡單的外幣定存來看，年利率超過三％真是閉著眼睛都找得到。再加上如果台幣趨貶，堪稱利差匯差兩頭賺，對於追求簡單安穩的第三人生投資，可說是首選。不過，事實真是如此嗎？

目前看來雖是如此，但絕不能期待是未來的常態。以往也有過這種好康，那就是大家曾經趨之若鶩的紐西蘭、澳洲，甚至是南非幣存款。不過，現在都已經不適用了。過去，大家以為人民幣也會複製這種走勢，不只定存利率高，而且專家都說會長期走升，結果呢？人民幣不升反貶，就算利率很高，也被匯差完全侵蝕掉，甚至還倒賠。

我認為，如果你幾乎不會把那些拿來投資的外幣換回台幣，才有資格從事外幣投資。例如你的事業都在大陸，因此有長期人民幣的需求，或是你的子女未來要去美國念書，你當然必須有一部分資產要以美元來持有，那當然就可以去存人民幣或美元定存。無論台幣對該幣別是升是貶，只要不換回台幣，當然就沒有匯率風險了。

很多人對於台股上萬點的行情一直不能認同，甚至非常懷疑，所以偏好買進海外基金。更有一派財經作家對台股投資嗤之以鼻，認為該買美股，甚至是全球型的ＥＴＦ，因為一來台股是淺碟型市場，受國際股市影響甚鉅，二是海外ＥＴＦ的管理費只有台股的十分之一。這些論述我都無法反駁，但唯一讓我卻步的理由就是匯率風險。

誰適合買海外的ＥＴＦ呢？就是長期持有美元、甚至永遠不會換回台幣的人，否則假設你用三十二元匯率買進海外ＥＴＦ，屆時想換回台幣時，萬一升到二十九元，豈不就損失了九．四％？不只抵銷了管理費非常便宜的優勢，而且可能也吃掉了絕大部分原本該有的投資收益，甚至還可能賠錢。你或許會問，如果台幣貶到三十五元，不就賺更多嗎？千萬別有這種期望，台幣貶到三十五元，台灣經濟肯定已經風雨飄搖，難道這是你希望的未來嗎？

如果真的對台股沒信心，非買海外基金不可，也請千萬不要買那些理專最愛推薦，但你卻很陌生的標的，例如一直很夯的新興市場基金，或是連位置都不知道在哪裡的區域型基金，以及大多數人根本不懂的各種原物料基金。這些基金投資的標的，很難取得足夠資訊來研判買賣時機，所以經常發生「淨值腰斬後，才知事態嚴重」的情形，連停損都下不了手。如果真的想買這種基金，請一定要選擇用美元計價的基金，絕對不可以買用當地貨幣計算的基金，因為美元畢竟還是相對強勢的貨幣，比較不會發生匯率暴跌的風險。

我希望大家是因為「需要」才持有外幣，而不是用「投資賺錢」

的心態兌換外幣。什麼時候可以買外幣呢？當二十九元可以換到一元美金，或是二十五元可以換到一〇〇日圓時，趕快去買，將來拿去出國旅遊就會很開心。請注意，我說的是「買」外幣，不是「投資」外幣喔！

09 把套牢 N 年的股票斷捨離

很多人都知道該把家裡無用的東西「斷捨離」，讓居家空間得到釋放，心情也會隨之變好，這個觀念同樣適用於股票。不過，這些套牢N年的股票畢竟沒有實體，而且投資人多半不甘心處分後就要承認虧損，最終反而成了很多人最不願意面對的無用的東西。

台股上萬點幾乎已成常態，過程中縱然曾跌破萬點，但時間並不長。很多人認為萬點是歷史高檔，遲遲不敢進場，錯失了很多賺錢獲利的機會，但對於手上套牢N年的股票卻存在解套的期望，這不是很矛盾嗎？

如果台股都來到絕大多數人認定的高點，而你手上的股票市價離當初買進的價格還差了五〇％，甚至九〇％，解套根本遙遙無期，為何還會幻想能解套呢？這時，或許你會希望這些股票乾脆下市還比較好，因為至少可以讓自己不必再面對它了。

我太太曾經為了專心照顧年幼的子女，一度離開職場，成為專職的家庭主婦。在養育子女、操勞家事之餘，也開始從事股票投資。當時正值電子股當道、股價狂飆的年代，她也確實賺了一些錢，但好景不常，碰到了二〇〇〇年的網路泡沫化，來不及在股災前抽身離場，很多股票都慘遭高檔套牢。當時，我們和一般投資人一樣，抱著「不賣就不賠」的鴕鳥心態，期望總有一天會解套。

不久之後，太太重回職場，也不再進出股市，這些股票逐漸被淡忘，一擱就擱了二十年。我想，這應該也是很多人共同的人生經驗吧？

到了二〇二〇年初，台股突破了一萬二〇〇〇點，我想這些股票此生恐怕解套無望，還不如趁高檔賣掉，多少能換點現金。我請太太抽空去二十年前進出的證券商營業廳，把持股明細列印出來，才能知道究竟還有哪些股票，以及還有多少股數可以處分。結果她沒有立即處理這件事，緊接著就迎來了新冠肺炎造成的股市雪崩式下跌。

台股這波一路下殺，一直到八五二三點才止住。我心想，這些套牢N年的股票恐怕又沒機會變現了。沒想到從三月下旬起，台股一路反彈。我和太太說：「老天給了我們第二次機會，就別再放過了。」

這一次，太太隔天就去了證券商營業廳。她連當時的帳號都已忘記，只好拿身分證去辦理。列印明細只有股數，沒有當時買進的成本。我跟太太說，我們現在處分這些股票，別去算「賠」了多少，反而要心存感激，因為賣掉它們至少有「變現」的功能，就當作突然多了十幾萬元，心情就會好受一點。

總計十一檔股票，其中兩檔已經下市，也沒機會變現了，有三檔還有整張，另外六檔只剩零股，而這些還能處分的股票總持股數為一〇七一三股。查了一下它們現在的市價，只有一檔超過五十元，大部分都在十至二十元，還有一檔居然只剩一元左右，跟下市也沒什麼不同了。這些幾乎都是電子股，在當年電子股正夯的時代，買進成本恐怕都是三位數。如果還惦記著成本，恐怕就捨不得賣了。

除了下市的兩檔股票外，其他股票二十年來，都至少有配現金股息，所以多少有些收入，但和價差相比，當然根本是「小巫見大巫」。現在很多人瘋存股，但如果每年都無法填息，其實是划不來的，所以存股標的和買進時機都還是要非常謹慎。其中有一檔「合庫金」（5880），當時買進成本應該不算高，所以就決定留下來每年領股息。

隔天盤中，我先請太太賣掉整張的股票，盤後再把所有零股都賣光。為了處分這些股票，也不必麻煩再開網路帳戶，而當年的營業員早就離職，所以太太就直接跟接電話的證券商員工下單。其中一家營業廳主管居然還來電告知成交結果，希望我們往後還能繼續下單，他的敬業精神讓我印象非常深刻，但恐怕是沒有下一次了。

賣完之後，還有一件棘手的事，那就是要把銀行存摺找出來，否則還得重辦一本才能領出現金。好在存摺並未遺失，兩天後刷了存摺，合計進帳超過十二萬元。太太說，這些錢就拿去買些一直想買的東西，或是買我這幾年最愛與大家分享的「元大高股息」ETF（0056）吧！每年有六%左右的股息殖利率，遠勝繼續抱著這些套牢N年的股票。

後來股市繼續漲，當時處分這些股票真的有點可惜，但未來的事，誰能準確預測呢？把這些股票斷捨離，心中再也沒有罣礙，豈不更好？別忘了，把它們換成0056，然後每年領息，不是更安心嗎？

奉勸大家，面對這些套牢N年的股票，不妨趁股市反彈之際，做個清倉大拍賣吧！

Part
3

關於學習——第三人生，別害怕新陳代謝

有些冒險、有些挑戰，不必鼓起勇氣、出航遠行，也能在日常中找到一片藍海。

01

活到老，學到老，還要學到精

很多人都希望能夠「活到老，學到老」，但我認為只是「學習」還不夠，一定要督促自己有個「成果」。否則很難讓熱情持續下去，甚至還會找很多藉口半途而廢。

第三人生除了必須有一個「能進步」的興趣，還應該有一個「能有成果」的學習目標。有些人的興趣已經持續幾十年了，到了第三人生有更多時間，當然就要更加精益求精。有些人的興趣是從第三人生才開始接觸學習，那就更該把學習的成績交出來。

我從小非常喜歡看電影，這項興趣持續到現在，迄今狂熱依舊。到二〇二〇年六月底為止，已經看了五〇三六部電影。我自稱「影癡」，而不只是「影迷」，區別在於我認為前者是沒時間也要想辦法看電影，後者則是有時間就會看電影。看電影是一項「很難進步」的興趣，除非最後去拍電影，否則只能說鑑賞力或許有所提升，但很難把進步的程度具體化。

當年考大學聯考時，我曾想過攻讀電影系，但受到父母強烈反對，只得作罷。進入大學之後，仍未忘情電影夢，在大一暑假期間拍了一部長約十分鐘的八釐米實驗電影《門神》，但完成後自覺手法粗糙拙劣，毫無天分，從此徹底放棄電影「創作」的夢想，只單純做個電影「欣賞」的愛好者。該片因可看到四十年前的台北地景，所以有幸成為國家電影中心的館藏，目前可在YouTube上看到。

大學時代，受邀在《世界電影》雜誌寫專欄，開啟了寫影評的人生，文章散見當時的各大平面媒體，有時用本名施昇輝，有時用筆名「方日光」發表，至一九八八年工作忙碌之後才完全中斷。

在公開發表影評之前，我從一九七六年國三下學期起，就開始在筆記本上寫下每一部電影的觀後感，並給予評分，至今四十二年從未間斷，所以才能精確算出目前觀影的數量，這也成為我人生最重要的紀錄。

二〇一四年，我將一生看電影時發生的相關故事，寫成一本給電影的情書《一張全票，靠走道》，某種程度上可以看作是我的回憶錄。

二〇一八年初，在一次朋友聚會中，大家聊到了電影，我突然靈光乍現，心想何不在進入第三人生之際，去考電影系，一圓年輕時的未竟之夢？

最後，我接受大家的建議，決定報考台藝大電影系碩士在職專班，而且入學考試手續相對簡易，只要備妥書面送審資料以及面試即可。最後還真的僥倖錄取了。

考上之後，我才開始思考，如果只是想拿一張電影系的碩士文憑，其實並沒有什麼實質的意義。雖然第三人生的學習，對自己有意義、有價值就夠了，但我去念書，一定會動用到國家和社會的資源，因此必須有所貢獻，才對得起我使用的資源。

畢業之後，我自認絕不可能去拍電影，一來承認自己沒有天分，二來要投入很多資金，一定會成為沉重的經濟壓力。最後，我決定從我以往從事金融業的背景及經驗切入，並透過未來對電影實務的學習，希望探討現有籌措電影創作資金所面臨的問題，再提出具體可行的建議。

在準備送審資料時，我參考了一些相關論文，但多半都是由企管商學研究所的學生所寫，立場偏向財務面，也就是皆從「資金方」的投資效益去考量，很少從「創作方」的立場來思考。念電影系，可以讓我多了解創作者的需求，然後為有創作天分但苦缺資金的年輕人，以及有資金但對拍片陌生的投資機構，提供整合雙方的機會，進而對台灣電影界貢獻棉薄之力。

學生時代的主修，真的就是你最感興趣的科系嗎？如果不是，何不像我一樣重回校園，完成自己的興趣呢？如果是，那又何妨多念一個科系呢？畢業取得文憑，就是最具體的「成果」，不是嗎？

就算學習場所不在學校，沒有畢業證書可領，但或許會有結業證明，也一定要努力取得，作為對自己的一種肯定。如果沒有結業證明，就一定要有成果的展示。

別以為「活到老，學到老」就夠了，還要「學到精」。

這樣做，每天可能都會嫌時間不夠用，生活當然就「不無聊」。因為學習需要每天用腦，所以至少有一項是肯定「不病」了，那就是罹患失智症的機率將會大大降低。

02

重返校園，圓夢啟程

二〇一八年九月十二日下午五點，我在睽違三十五年後，重新回到了既陌生又孰悉的校園，再次當起了學生。有朋友笑說，我要開始「半工半讀」了。我覺得這個說法很有趣，但一般的認知是用「打工」來完成「求學」這件事，而我的狀況卻是這兩件事各占我的第三人生的一半，一邊繼續寫作、演講，一邊唸碩士在職專班。

我在三十五年前畢業於台大商學系，現在又是小有名氣的暢銷理財作家，大家或許想當然耳我一定是去念EMBA，但我卻選擇了台藝大電影系碩士在職專班。三十九年前考大學時，父母反對我念電影，而我也沒有反抗，結果考上了未來比較好找工作的商學系，後來也在證券業累積了一些財富。回顧那段屈服現實的第二人生，我並沒有後悔，因為它給了我穩定的生活，而在進入第三人生的今天，已經沒有太多必須牽掛的責任，所以決定去圓年少未能完成的夢想。

放榜當天，雖然上網就知道錄取結果了，但學校事後還是寄了錄取通知給我，並附上一封短信，信中有一段話是這樣寫的：「貴子弟資質優異，我們會盡心培育照顧」，文字當然沒有問題，但對於習慣做「家長」的我來說，「貴子弟」三個字似乎指的是我的子女，這一次居然指的是我自己，身分轉換上真有些不習慣。

開學前，要在網路上選課，對年輕人來說是再平常不過的一件事，卻是我的人生初體驗，甚至還有點擔心，深怕操作不當，誤了上學。所幸其中一位年輕同學曾在一個演講場合與我相認，於是就決定請她協助選課。我根本沒看清楚她是如何操作，她只問了我要選哪幾門課，然後幫我設定了所有學生資料和密碼，彈指間就完成了。看她列印出我的選課明細，我這個大叔終於卸下了心中的大石。下學期，我還是會請她幫忙，我看我就甭學了。

九月十二日上課之前，我一直猶豫不定，到底該去買筆記本，還是直接帶筆記型電腦去上課？後來想想，我的中文打字又不快，還是用最傳統的原子筆和筆記本吧！

第一堂課是晚上六點半開始，我特地在五點就開車到學校了。第一件要辦的事是停車證，雖然之前曾打電話到學校詢問，但聽到的答案和實際的現場狀況還是有落差，用問的比較快。這時突然有點落寞，以前子女開學，我都會協助他們辦理，現在老爸上學，居然沒有「家長」可以幫忙，一切都要自己來。每個被我問到的年輕同學，看到我都露出詫異的表情，或許他們心中都在納悶：「你真的是學生？我還以為你是老師或家長呢！」辦好停車證，也得順便領學生證，因為要憑學生證才能進出停車場。後來才知道我是全班第一個拿到學生證的人，其他人還問我該去哪裡辦理呢！

第一堂課是選修課「電影風格研究」，授課老師是前系主任廖金鳳。以前對影史上常常探討的電影風格有些涉獵，所以講授內容對我來說並不太難。比較有趣的是同學自我介紹，個個大有來頭，我真是裡面的超級大遜咖。一位是中文流利的法國人，拍了一部上過院線的國片，目前在大學教書，還得過台法文化交流獎。一位是非常有名的電影配樂師，畢業自美國長春藤名校，也在大學教書。一位是演員，也是在演員訓練班教表演的老師。聽到他們的自我介紹，我真是有點自慚形穢，但也不該妄自菲薄，因為廖金鳳老師理解我想達成的夢想，絕對不只是拿文憑而已。

隔兩天要上「通識英文課」，是必修課但不算學分。由於這門課的學生來自不同科系，我才發現自己居然不是最老的學生。年紀最大的大叔攻讀國樂系，已經六十六歲，還有兩位大嬸都超過六十歲。原來現在老來圓夢的銀髮族不少，所以請讀者真的要有「他們能，我為什麼不能？」的雄心壯志。

我特別把另外兩堂課都集中在星期六，可以免去舟車勞頓之苦。星期六上午是必修課「電影美學專題」，又是廖金鳳老師上課。這門課抽象多了，對我是個很大的挑戰。下午是知名影評人，也是《臥虎藏龍》的編劇蔡國榮教授的選修課「劇本寫作與分析」。他在點名時看到我的名字，說他記得我，真是非常榮幸，因為我在大學時期常常在報章雜誌發表影評，雖然不像他是影評界的A咖，但至少也有B咖的地位。

上課前，心情多少有些忐忑，畢竟離開校園太久，深怕已經不知如何上課、考試、寫報告，還有如何和年輕同學互動。結束第一周的課程後，緊張的心情篤定不少。雖戲稱自己是「半工半讀」，但我一直是以「讀書優先，工作其次」的態度來上學。成為作家的夢已圓，但念電影的夢仍在持續。

03 你給自己的第三人生打幾分？

二〇一九年六月二十日晚上，是我在台藝大電影系碩士在職專班一年級的最後一堂課，老師帶了一瓶紅酒進教室，讓大家在輕鬆的氣氛下，分享彼此上課的心得。

一年級已經修業完畢，二年級就不再有必修課，或許跟同班的七個同學不會再一起上課，甚至可能再也不會碰面了，當然也不一定能同時畢業。這種和同學分離的感傷，可以一路追溯到三十六年前的大學畢業典禮。現在的年輕人比較難體會畢業的哀傷，因為現在有太多方法可以繼續保持聯絡，所以這種心情，可能是我們這一代人獨享的「特權」吧？

藝術類研究所的課程，有些強調實務操作，有些卻非常感性，這和我當年念大學商學系有很大的差異。當天的這門課就是很感性的，例如我們曾經就「傷痛」和「霸凌」的主題進行過專題報告，甚至讓同學講到痛哭流涕，也讓所有人透過自我認識達到療癒的效果，這些都是我生命中少有的經驗。

當天的最後一堂課，除了開心喝紅酒和吃點心之外，老師還要求所有同學拿出一張紙和一支筆，寫下自認為可以在這門課得到的分數。當然，最後評分的權利還是在老師身上。自我評分對我來說，也算是頭一遭。

首先，我認為自己至少應該得七十分，也就是及格分數，因為老師指定的三篇書面報告，以及兩次課堂口頭報告，我都準時繳交。

然後，我認為我當然不該只是及格而已，至少可以再加三個「五分」，理由如下：

第一、我是班上唯一具備「父親」「已婚」「長輩」「失業」及「退休」身分的同學，甚至連授課老師也沒有這方面的經驗，所以我能夠提供大家不同世代的觀點，分享這些特殊的人生體驗。其實，只要在第三人生重返校園，應該同樣也會有這些值得加分的條件。

第二、我是班上出席率最高的同學。這門課扣除一堂春假，總共是十七堂，我只缺了三堂，包括兩堂是去摩洛哥旅行。其實我這學期修了三門課，扣除春假和老師請假，總共應該要上四十九堂課，我上了其中的四十三堂課，算很認真吧！

第三、首次敞開心胸，誠實地面對自己的生命，願意與大家分享內心深處的感受。這對一個在威權體制下成長的人來說，是非常不容易的。或許這是因為，我在書中曾多少分享過人生不同階段的心聲，已經讓我不會懼怕於面對自己。

最後，我給自己打了八十五分。老師看了一下成績，說我太謙虛了。

老師之所以要我們在課堂上當場書寫，就是希望我們用很直覺的方式面對自己。這其實和第三人生的生命態度非常類似，因為此時的我們，應該無須太在乎別人對自己的評價。**能夠誠實面對自己，就已經是達成某種程度的「做自己」**。

在學校念書的「第一人生」階段，總是希望考試成績要好，能夠贏過大部分的同學。然後進入就業階段的「第二人生」更殘酷，要在職場競爭中奮力向上爬，一來追求職位升遷，二來追求薪水增加，對自己的肯定都必須來自其他人的評斷。到了「第三人生」，真的不必再計較別人的看法，該做的只剩下自我評斷：日子過得是否開心？是否充實？是否還有想完成或追求的事情？前兩項答「是」就及格了，最後一項答「是」，那麼人生就有望達到一百分。若答「否」，也沒關係，因為大部分人都是如此，也別自怨自艾了。

二年級之後，最重要的功課就是寫論文或拍短片，完成後才能拿到碩士文憑。我選擇寫論文，畢竟一個人就可以獨力完成，不必費神尋找資金和團隊。然而，我開始遲疑拿文憑對我有何意義？花了一年時間上課，再繼續上二年級的課，對電影得以產生很多不同的看法，一切都值得了，不是嗎？拿文憑，就必須經過別人的評斷，但這其實不是第三人生該給自己的壓力。不過，如果不拿文憑，念電影這件事又成了一個未完成的夢想。人生真的很難放下，隨緣吧！

04

戲劇治療課的神奇之旅

我正在就讀的台藝大碩士在職專班，有一個規定：在必須修習的三十六個學分中，至少有三學分得修外系的課，所以在二年級上學期，我選修了戲劇系的「戲劇治療」課。

選了之後，心情非常忐忑。雖然近幾年經常受邀「演講」，上台就像吃家常便飯一樣地輕鬆自在，但我從小對上台「表演」——無論是唱歌或跳舞——充滿極度的恐懼感。選這堂課，就是希望自己走出舒適圈，能夠有所突破。

上課教室沒有桌椅，大家都席地而坐。其中一面牆就是一整片大鏡子，可以輕易想見自己未來醜態百出的模樣。班上有二十位同學——十五位女生，五位男生，個個青春洋溢，只有我一個大叔像個異數。好在自己電影系的同學也有兩人選修，不致讓我在陌生環境中太過尷尬。

沒想到，這堂課除了要運用肢體之外，居然還得畫圖，這又是我的另一個大罩門。有一堂課，老師請兩位同學一組，把自己童年最傷心的事畫出來（當然不用畫得很好），再將圖中的故事告訴同組的另一位同學，最後由他在全班面前講出我的故事。這項活動一方面訓練「面對」自己的傷痛，也學習「聆聽」的技巧。

透過別人重述自己的遭遇，自己成了聽眾，真的讓那段傷心往事產生淡化的效果，居然不再像以往那般沉重。不過，也有些尷尬的事會出現，那就是有的女同學年幼有被性騷擾的經驗，結果是由她同組的男同學說出來。

其他同學聽完，也可以發表看法，或提出建議，甚至也可能觸發了自己類似的回憶。過程中，有人落淚，有人激動，有人則提供了適時的擁抱，宛若一場心靈洗滌之旅。我的傷心往事相對平淡，甚至還被嘲笑，其實我當然有更悲慘的事，但以我之前學商的背景，相對理性的我們，真的不習慣在眾人面前掏心掏肺。

大家都說完之後，老師要我們把剛才畫的圖撕掉，代表和這段往事說再見。課程到這裡，心中覺得真是很老套！沒想到老師又發給我們一張圖畫紙，要我們用那些碎紙重新貼回去，然後要大家組合成你現在最想完成的心願，若有需要，也可以再添幾筆在圖上——這就很有創意了。

這個遊戲，讓我們可以從「傷心的地獄」勇敢地往「希望的天堂」前進。

還有一次，又是兩人一組訴說最近的傷心事，然後選出最悲傷的故事請同學演出。這是一位女同學為細故與同居男友爭吵的故事。她自己演女主角，再找全班最帥的男同學（當然不是我！）演她的男朋友，還有一位女同學演和事佬。演完之後，要再演一次，但這時女主角改演男主角，男主角改演女主角，這樣就可以讓自己用對方的立場看待同一件事。到這裡還沒完！還要演第三次，這次讓女主角演和事佬，和事佬去演女主角，讓她成了旁觀的第三者，可以更清楚客觀看待真實人生中的這件事。我們常常說要「設身處地」「客觀理性」，透過這樣的演出，確實有機會練習這兩件事。

大多數同學都是戲劇系的學生，所以天生就非常有表演欲，這樣我就幾乎不必上場演戲，這才終於放下心中的大石頭，感到輕鬆不已。

這堂課就是透過許多遊戲和戲劇，學習如何和自己和解，以及如何幫助現在正處於人生谷底的朋友。老師說：「得了憂鬱症，就如同身在山谷中。我們不該伸手把患者拉上來，而是該走下山谷，陪他慢慢走上去。」碰到憂鬱症的親人，千萬不要給予任何「安慰」和「建議」，只要「陪伴」「聆聽」、有「同理心」就好。這是我在這堂課最受用的啟發。

每次上完課，心情都像是雨過天晴。除此之外，這堂課也為我帶來一個最驚喜的緣分，那就是居然可以跟我們那個年代的「第一名模」周丹薇一起上課。因為我們年齡相近，有很多過去的事情可聊，有一回她還開車送我去捷運站呢！（不過，老婆知道後，還真有點吃醋。）

05

要欣賞年輕人的創意，更該好好學習

近幾年，我雖然非常樂於分享我的投資理財或人生經驗，但我一直警惕自己，不要因為這些「過去的經驗」，而抹煞了年輕人對「未來的開創性」。我身邊有非常多的年輕人，包括出版界的朋友，以及一起上課的同學。我在他們身上感受到熱情，也學到很多新知識，特別是他們的創意，更讓我由衷佩服。

前一節提過，我曾在二年級上學期，上過張連強老師開的「戲劇治療」課，讓我印象深刻，而且收穫滿滿。所以我把最後該修的三學分，又拿來選了他在戲劇系開的另一門課「創作性戲劇教學理論研究」。在第二堂課裡，他帶的戲劇活動（專業術語叫「工作坊」），完全展現了年輕同學的創意和反應，讓我這個大叔目瞪口呆、大開眼界。

老師先讓同學排成兩排，再指定並排的兩位同學成為一組搭檔，總共分成九組，然後叫大家分開兩邊站好。你和搭檔之間的距離，剛剛好讓兩人無法進行交談。

接著，兩人背對背站好。等老師一拍手，兩人就轉身面對面，開始演一齣短劇。兩人根本沒機會事先講好要演的內容，也不知道由誰開始演。一旦其中一人開始講了話，做了動作，另一人就配合演出，這不叫「即興」，什麼才叫「即興」？這不叫「創意」，什麼才叫「創意」？更難的是兩人可能原先根本不認識。

第一組因為沒有別人的經驗可以參考，所以只是閒話家常，沒有太大的戲劇性，但第二組就精彩了。這一組的女同學和男同學，演了一齣先生不想陪太太回娘家看岳父母而爭吵的戲。兩位同學默契十足，完全不像初次認識，演畢立刻贏得全場如雷的掌聲。

我是第三組，搭檔的同學配合我財經作家的身分，和我演了一場推銷房屋與保險的戲。真是難為了這位年輕同學，讓他沒有太多展現表演天分的機會。接下來，有閨密搶男友的激烈衝突戲、有同性戀不被父母接受的戲、有女朋友劈腿被抓包的戲、有姊妹因久候而爭吵的戲，有在網路上搶訂演唱會票的戲，還有空姐得新冠肺炎的戲，都和時下年輕人的生活或時事緊密結合。

這些即興表演已經讓我嘆為觀止了，活動可還沒結束！老師接著要大家再演一遍，並規定每一組的戲要結束在不同的情緒中，例如憤怒、恐懼、哀傷或開心。這時，兩人可以先溝通，讓第二次演出時能更精準、更到位。

我們這一組被規定要結束在哀傷的情緒中，所以我和搭檔決定讓我演一個發現自己已經癌末，卻沒有買癌症險的病患，最後我也勸他年輕時一定要投保，不然老了可能會後悔莫及。

原本以為九組演完，就可以下課了，沒想到還有第三輪。這一輪，大家要再演一次，但老師會隨時喊卡，然後任何同學都可以上場演第三個角色，讓原來的情緒做個一百八十度大轉變。輪到第二組夫妻爭吵戲時，一個女同學抱住了演先生的男同學的大腿，哀求他：「把拔，你說我考試考一百分，就要帶我去外婆家玩的，你不能說話不算話喔！」這個大逆轉，讓先生立刻開心地和太太回娘家了。這不就是電影最後常會出現的意外轉折嗎？

那對閨密為爭奪男友而衝突的戲要怎麼轉變呢？扭打正激烈時，沒想到一個女同學突然喊「卡！」然後走出來指導她們該怎麼打，原來這只是一場「安排的戲劇」，不是「真實的人生」。

我演癌末病患的戲又該怎麼辦呢？一個女同學上來抓住了我的

手，說道：「你這個騙子終於被我逮到了，原來你又在打悲情牌來騙錢了，跟我到警察局去！」我以為她會演護士，告訴我其實是醫院給錯了報告，我並沒有得癌症，不過她把我的可憐老翁變成騙子，更有創意！

很多跟我同輩的人都認為，這一代的年輕人都是抗壓性很差的草莓族，但我在這群同學身上，卻看到了他們在毫無準備、必須即席演出的的壓力下，所激發出來的反應和創意。我們真的該放手了，要相信年輕人，他們一定有能力可以承接責任，並開創出屬於自己的未來。

06

一日臨演現場拍攝記

能在第三人生擁有全新的生活經驗，真是再開心不過。日前，我的電影系碩士在職專班同學要拍他的畢業短片，找我去當其中一場餐廳戲裡的臨時演員。雖然沒有台詞，但仍讓我度過戰戰兢兢的一天。

這其實並不是我第一次當臨演，早在二〇一八年，另一位同學拍短片時，我就曾經做過一次。不過，上一次只拍我的背影，完全不需要任何動作，所以沒有什麼值得分享的故事。這一次，我和導演的太太扮演一對夫婦，和男女主角在同一家法國餐廳用餐。當男女主角在對話時，攝影機也會拍到我們倆，所以要做出很自然的用餐及交談動作，難度比上一次要高多了。

正式拍攝的前一天，「臨演負責人」傳了簡訊給我，希望當天的穿著是「冬裝、約會感、不要全黑、不要太凸顯的顏色、大外套（不要羽絨，最好大衣形式）、不露趾的鞋、女生可以洋裝、男生可以西裝」。交代真是鉅細靡遺，這樣也避免因為穿了不適當的衣服而造成劇組困擾。當天非常炎熱，若不先交代，萬一穿了短袖 POLO 衫過去，就不符合這則發生在冬天的故事。

當天下午兩點，到了拍片現場的法國餐廳，看見狹小的空間幾乎擠滿了工作人員，加上男女主角、臨演們，至少超過三十個人。光這些人一天的工資就很可觀，而這只不過是一部四十分鐘長度的短片！怪不得所有導演都說，如何籌到資金，才是最頭痛的事！

這是一場一對初戀情人久別重逢後，在餐廳吃飯的戲。他們談了各自的近況，雖然不過十幾句台詞，但男女主角重複演了不下二三十次。這並不表示他們ＮＧ了這麼多次，而是導演要用各種不同的角度拍攝同一場戲，有時是男女主角個別的特寫，有時是畫面只看到他們兩人，有時是畫面也會拍到我們這三桌臨演；有時從餐廳內側往窗邊拍，有時又從窗邊往內側拍。每換一次攝影機擺放的位置，燈光就要重新打一次。由此可知，拍片真是非常耗時，不親臨現場，很難體會過程的冗長、重複。

要男女主角一直重複演，他們恐怕也受不了，所以中間有一段時間讓他們休息，這時我們臨演卻有一件事要做，叫做「收環境音」。因為除了男女主角的對話以外，還是應該要有其他用餐顧客的交談聲音，所以我們要真正交談，最後再把效果後製上去。我和飾演對手戲的導演太太雖然認識，但不算很熟，不容易聊彼此生活中比較深入的話題，總不能說「今天天氣不錯啊！」這種廢話，所以我決定跟她分享我最熟悉的股票投資，這樣就可以自然地一直講不停。聊著聊著，我發現所有的工作人員，甚至在旁邊休息的男女主角都聚精會神地聆聽。收完環境音之後，他們都說今天除了可以領到工資外，還免費上了一堂理財課，真是賺到了。

在拍攝會看到我們其他桌顧客用餐的畫面時，劇組人員幫我們上了真正的南瓜濃湯，還有用果汁替代的紅酒、白酒，但導演要求我們喝湯時只能小小口喝，因為要重複拍很多次。第一次正式開拍時，我舉起酒杯跟戲中的太太對飲，但導演立刻喊卡，過來跟我們說：「你們動作太大了，所以剛才拍的不能用，之後只能喝湯。」我這才發現是我自作聰明，因為我們只是背景，怎麼可以搶了主角的風采，讓觀眾注意到我們的動作呢？

這時，副導也過來交代，我們的交談不能出聲音，連氣音都不可以，只能做嘴型，但為了自然起見，要求我們再重複講剛才「收環境音」時的話題。之後就不斷喝湯、不出聲音地交談，又拍了好幾次，把導演要求的各種角度的畫面都拍完，才得以收工。這時已經接近晚上十點，整整拍了快八個鐘頭，也不過是拍一場短短的餐廳用餐戲。

拍片真是辛苦啊！

結束後，劇組行政給了當天的臨演費，還說桌上有幾杯手搖飲料，可以拿去喝，再加上傍晚分到的便當，我感覺自己也算是一個「專業」的臨演了。在第三人生能有一次這種寶貴、有趣的經驗就夠了，以後還是單純做個觀眾，輕鬆看電影吧！

07 不會上網，未來的人生將宛若封城

二〇二〇年，全球爆發新冠肺炎，為因應疫情可能導致學生無法到校上課的狀況，台藝大決定超前部署，特別規定某一周，全校師生要練習遠距上課。這件事對一個不太嫻熟網路運作的六十歲大叔來說，壓力不可謂不大。幸好我該學期只修了一堂星期二晚上的課，算是「不幸中的大幸」。

以往要下載某個軟體時，雖然螢幕上的對話框都是中文，但我常常還是看不懂，每次要按「確定」或「下一步」，總是忐忑不安。此

外，如果下載很久，我也很惶恐，不知是自己操作錯誤，還是純粹只是筆電太老舊。為了避免預想得到的手足無措，我決定在這堂課的群組上，徵求一位同學願意讓我去他的辦公室或家裡一起上課。

我當然不是以後每次都必須去他那裡上課，只是希望他幫我完成下載，並教我如何操作，以後就可以自行在家遠距上課了。才剛在群組尋求協助，立刻就有同學伸出援手，這還得慶幸時下社會仍存在「敬老尊賢」的美德（我只是「老」，當然稱不上「賢」）。

上課當晚，我帶著筆電去他的辦公室。他特別讓我使用會議室，這樣才不會打擾到還在加班的同事。在等待筆電開機的時間裡，他就先吃了一驚：「施爸，你的筆電還真是很慢。」我的筆電品牌雖然是

A開頭，但不是國外的那顆水果，而是國內四個英文大寫字母的那一家。

下載的同時，其實老師已經開始在講課了，她還說可以等我一下。面對這台慢吞吞的筆電，我和這位熱心的同學就像熱鍋上的螞蟻。好不容易完成，上線時又出了狀況，似乎是當機了。同學說，不然就用手機吧！幸好我的手機是國外的那顆水果，結果輕輕鬆鬆就完成了。唉！外國貨雖然貴，但還真是好用。

一切就緒，但操作上還是有很多要適應的地方。同學也是第一次使用，剛開始還不太熟練，而其他同學和老師也是同樣情形，這時我反而覺得比較自在了。不久之後，筆電也正常運作，折騰了快一個小時，才終於可以順利上課。

我們每次上課，都會有一位同學上台報告，所幸當天不是我，我只要聽課，和偶爾發表意見就可以了，相對輕鬆。不過，科技再怎麼發達，不能讓大家在同一個場所參與討論，效果終究有限。此外，大家為了隱私，沒有開啟視訊功能，無法看到彼此，很容易分心去做別的事。

台積電榮譽董事長張忠謀曾經表示，這次疫情可能會徹底改變人類的生活。我對他這句話的解讀是，未來人們對網路的依賴會愈來愈嚴重，換句話說，我們這些戰後嬰兒潮出生的大叔大嬸，**如果不會上網，第三人生就和封城沒兩樣。**

雖然我現在寫作都用 Word，完成後也是用 e-mail 傳給編輯，但我的上網能力幾乎僅止於此。我想，很多目前處於第三人生的讀者可能和我一樣，對於網路環境還是經常感到挫折。時下年輕人的思考邏輯都離不開網路，也誤以為我們都非常嫻熟網路運作，但其實不然。

當年口罩開放網路預購後，藥局門口依然有很多上了年紀的大叔大嬸在排隊。此外，我在「方格子」網站所寫的專欄必須付費訂閱才能閱讀，但我的訂戶可能年紀都稍長，上網閱讀的問題特別多，客服人員每天疲於應付相關疑惑。更極端的例子是我的父母，他們都超過八十歲，不只沒有手機，家中也沒有網路，所以我們怎能認為「任何人」都懂得如何上網呢？

上網能力，特別是熟悉各種APP的功能，已經是第三人生的必修課，無可逃避，而且必須勇於向年輕人請教。年輕子女不可能永遠陪在身邊，如果不能加強此種能力，未來可能根本無法獨自生活。

俗話說的好：「工欲善其事，必先利其器。」而且真的是「一分錢，一分貨。」在購買電子產品時，千萬不要以價格為最優先的考量。有時，你在上網時所發生的沮喪感，其實不是你的能力差，而只是因為你使用的設備有問題。切記！在第三人生，「節儉」已經不再是美德了。

08

難道已經沒有真人在賣票了嗎？

前陣子，想和家人一起去信義威秀影城看《末代皇帝》，因為預計看電影的前一天正好有事經過影城附近，所以決定先去買票，隔天就不必太匆忙。

我有很多年不曾到這裡看電影，只依稀記得售票處在二樓，所以就直接走樓梯上去。沒想到原先的售票處已經封閉，對面倒還保留著賣爆米花的櫃台。我猜想售票處可能是移到一樓，所以又走了下去。

到了一樓，只見一整排自動售票機，我開始有點恐慌，難道現在已經沒有真人在賣票了嗎？又跑上二樓，繞了一圈，確定除了已經封閉的售票處和賣爆米花的櫃台外，就只剩下美食街了啊！

真的沒有真人在賣票了！時代變化這麼快，已經遠超出我的想像了。整個影城對我來說，就如同身處荒漠，讓人幾近絕望。

這時迎面走來一位保全人員，猶如救星現身，趕緊問他：「我要去哪裡找真人買票？」希望曾有人這麼問過他，不然真是會被他暗暗恥笑一番。

他指著賣爆米花的櫃台說：「那邊有人會賣票給你。」

我半信半疑，因為櫃檯上方的電子看板都是零食圖片，根本沒有我以前習慣看到的電影放映時刻表，現場也沒有人在排隊。我只好上前問工作人員：「這裡可以買電影票嗎？」

他冷冷地回我：「你要看什麼電影？」那種不屑，好像我是與現代科技完全脫節的老古板。我說出要看的片名和場次，然後他把電影票遞給我，才終於結束了這一場驚恐的買票之旅。

後來在臉書上分享這件事，朋友才跟我說這是因應新冠肺炎疫情、節約人力的做法，以後應該還是會有真人服務的售票處，這才讓我稍稍釋懷。

原本以為人工智慧盛行後「未來」將使人類的工作大幅減少，但沒想到此次新冠肺炎造成全球封鎖，「現在」就已經徹底改變了人類的生活。如果影城發現原來不必雇用員工，依舊可以完成售票的功能，這樣的「特例」可能就會變成長久的事實。

最近發現，愈來愈多事情都必須透過網路運作，口罩販賣就是一個典型的案例。二〇二〇年三月初，口罩只能透過藥局購買，我常常必須早上八點去現場排隊，然後等到八點半領號碼牌，再在十點以後隨時去領。有這種經驗的讀者，甚至有可能還會羨慕我沒有花太多時間呢！

後來可以上網或到超商機器上購買，確實幫大家節省了很多時間，但卻沒有幫到我父母的忙。因為上網必須登錄手機號碼，而取貨代碼又是透過手機簡訊傳送，但我的父母根本沒有手機，只好還是去藥局購買。母親跟我說，後來去藥局買口罩的人，幾乎都是七八十歲以上的老人。

很多政策在設計的時候，根本沒有顧及有些人還是沒有手機，甚至我父母家連網路都沒有。我還聽過一則笑話：有人要申請貧戶補助，工作人員要他上網申請，但他窮到家裡沒有網路，怎麼申請呢？

每次要在手機下載APP時，總是必須請子女或年輕朋友幫忙，但他們經常懶得教我們，因為直接幫我們完成比較快。就算下載了，他們也教了你如何使用，但若非經常操作，久了又會忘記，還得再麻煩他們一次，真會感到有點挫折。若有年輕讀者看到這一段，請以後一定要多一點耐心，想想父母在你們小的時候，是多麼有耐心地教導你們啊！

我的手機上並沒有下載很多APP。其中對我最有用的是醫院預約領慢性藥的APP，可以讓我在幫父母領藥時，節省很多現場等待的時間。這應該是我現在使用最熟練的APP了。

每次去替父母領慢性藥時，我都會警惕自己，第三人生要好好保重自己的身體，盡可能做到「不病」，這樣才能繼續照顧年邁的父母，也避免讓子女背負沉重的照顧之責。

時下年輕人從小就生活在網路的世界中，所有邏輯和思考都和網路有關，也都很習慣並熟悉網路的運作。這時，我們這些現在開始進入第三人生的大叔大嬸，一定要加快學習的腳步，否則就會被時代拋棄，甚至連生活都很難自理。當有一天真的沒有真人賣電影票時，你可能連電影都看不成了！

09

找機會，讓自己充滿學習的熱情

要學習一種新知識或新技能，如果沒有明確的目的，熱情其實很難持續。有時候，要找到明確的目的不容易，只好讓目的來找上你。

這次，我要舉一個親身經歷，分享「目的找上我」所帶來的學習之旅。我先講結論，再來詳述：**「打官司，就是一次很棒的學習。」**

多年前，我太太在私人停車場與他人（以下簡稱A女士）所駕駛的車輛發生擦撞。當天，太太急著送女兒上學，因為擦撞很輕微，當下甚至還以為沒什麼損害，也沒下車查看，就直接開走了。A女士和我太太都是該停車場的月租戶，所以很快就聯絡上我太太，表示希望會同警方做筆錄，才能向她的產險公司（以下簡稱F公司）申請理賠。我們自己的車已經很舊，沒有保車損險，而且也不過就是前保險桿有一道刮痕，根本懶得去修，但我們還是願意配合A女士進行筆錄。

事發當時，太太所駕的車雖已啟動，但根本還沒駛離停車格，而A女士圖快抄捷徑，沒有開在正常的車道上，直接從隔壁空著的停車格斜切過來，導致右前門碰上了太太的前保險桿。因為事發於私人停車場，警方並不會當場判定責任歸屬，做完筆錄就各自請回了。這是第一個學習：「警方不介入私人停車場所發生的糾紛。」

過沒多久，我們收到法院送達的F公司向我們求償的起訴書，要向我們索賠一萬四千多元。天啊！對方右前車門也不過只是些許脫漆及凹痕，竟然就這麼獅子大開口！

這種民事官司，都會先經過調解程序，以免讓小案浪費太多司法資源。當天，我陪太太一起前往。F公司的法務人員（以下簡稱B先生）趾高氣揚地說：「若願和解，同意將金額降至八千元。」我和太太對望一眼，然後我緩緩說道：「我們只願意付一千元。」其實，還沒進去調解庭之前，我們的底線是三千元，但看到他那種「你們這種小老百姓，怎敢跟我們大公司對抗」的高傲態度，當場我決定只願賠一千元。

這位調解委員根本一心向著大公司，完全無意聽我解釋，冷冷地說：「那就等法院傳喚雙方了。」B先生大概不敢相信有人敢跟他們對抗，還露出一副「你們怎麼可能會贏？」的輕蔑眼光。

面對這件官司，我完全是抱著一種學習的態度。學費最多就是一萬四千元再加裁判費一千元，我還付得起。如果打贏了，不只不用賠那麼多，甚至可能完全不用賠，還能獲得寶貴的學習經驗，怎麼算都划得來。當時，我沒有出過任何一本書，還不具備暢銷作家的身分喔！

我沒有請律師，因為律師費遠超過賠償金額，所以一切都自己來。大家千萬不要以為沒受過任何法律專業訓練，怎麼會寫狀紙？怎麼知道要用什麼格式？故而放棄爭取自己的權益。因為法院不會用要求律師的標準來刁難我們平民百姓，所以只要把你的理由通順地寫在A4紙上就好了。不過，現代人應該都會用Word，因此建議大家別用龍飛鳳舞的親筆字書寫。

遇到不懂的地方，怎麼辦？先詢問周遭認識的律師朋友，如果沒有，就親自跑一趟法院，會有專人為你義務講解與協助。千萬不要用打電話的方式請教，一來不易接通，二來有時講不清楚。

我們的訴求就是「擦撞輕微，修理費用太不合理。」此外，A女士並未開在正常的車道上，怎該由我們負全責？最後，我還找到一個可以讓F公司「一槍斃命」的有力證據，那就是這一萬四千元是由兩張發票所構成，一張是板金的費用七千元，另一張是換車門的費用七千元，但不合理的地方是，板金發票的日期在換車門發票之前，既然都修復板金了，為何還要更換整個車門？

不過，法官認定發票日期與本案無關，但考慮到車門的折舊問題，最後判我們賠四千多元，並由我們負擔裁判費三百元，F公司負擔七百元。以結果來看，我應該算是勝訴。我本來還想上訴，讓學習之旅繼續下去，太太卻說：「別鬧了，適可而止吧！」

整個法律攻防過程，我寫了三次答辯的理由，害B先生也要回應三次。我想他大概沒碰過我這種敢和「大鯨魚」對抗的「櫻櫻美代子」（整天閒閒沒事做）的「小蝦米」吧？這則故事希望能帶給大家的啟發是，被告時千萬不要妄自菲薄，只要自己有理，打官司又何妨？不過我並不鼓勵大家遇到芝麻小事就提告興訟，畢竟還是該避免浪費司法資源，而且萬一碰到恐龍法官，就自討沒趣了。

打贏官司，就是讓自己持續充滿學習熱情的動力。

10 大叔、大嬸健身去！

我的小女兒在二〇一八年離開一家大型外商公司，三百六十度大轉行，去做了健身教練。自小不愛運動，也毫無運動細胞的我，從未想過進健身房，但二〇一九年為了治療五十肩，卻成了她的學生。重訓，開啟了我第三人生的全新篇章。

小女兒一直建議我要開始做重訓，我雖答應，但人都是有惰性的，總是找各種藉口推託。到了二〇一九年五月，我發現左臂愈來愈舉不起來。有一次，停車要用左手取停車卡時，居然痛到幾乎飆淚，看來「五十肩」終於找上了我。我找了中醫做針灸，沒效！又去西醫打類固醇，還是沒改善！

這時，小女兒決定帶我去找一位運動復健師。他摸了摸我的痛處，教我做了很多動作，又講了很多和關節、骨骼、肌肉有關的專業術語，我短時間哪吸收得了？後來他跟我解釋，這是講給小女兒聽的，她聽了之後，回去就知道該怎麼帶我做運動了。

過幾天，我就到小女兒服務的健身房報到，成了她的學生，開始用重訓來進行五十肩的復健。在健身房裡，我必須用「教練」二字來稱呼小女兒。

除了每周固定前往健身房外，我也在家自主練習。這段期間，我不斷觀察左臂是否可以開始正常做一些以往非常輕鬆的動作，結果發現確實正在逐漸進步。經過三個月的鍛鍊，當我終於能輕鬆舉起雙臂，穿上翻領短袖T恤時，我就知道五十肩已慢慢離我遠去了。

就在此時，因為做重訓的目的已經達成，加上之後的兩個月，我接了很多演講和節目通告，開始常常請假，也就漸漸失去了進健身房的動力。教練告訴我不必因此自責或氣餒，因為很多學生都會出現他們稱之為「復發期」的類似狀況，有時是因為遇到瓶頸，有時是已經有了具體成果。好在我這段期間不算長，後來終於又恢復了每周上課的規律。因為五十肩幾乎已經完全改善，所以教練會帶我做更多的動作。在不斷進步中，得到很大的成就感，現在真的好期待每周同一時間能進健身房呢！

對我們這種大叔、大嬸來說，加強肌力和肌耐力，避免老了容易摔倒，或是即使摔倒也不會太嚴重，才是我們重訓的目的，而絕不是要把男學員訓練成「藍波」，或把女學員訓練成「神力女超人」。

我的上課時間是下午三點鐘，當時大多數學生看來都是和我一樣的大叔、大嬸，動作做起來都不太俐落，甚至還有些「二二六六」（請以台語發音），所以也不會給自己太大的壓力。不過，看到有人已經進階到更高難度的動作或重量時，還是會激起鬥志，再累也不敢懈怠了。

很多人會去連鎖健身房辦會員，以便隨時使用各種設備，但我建議還是應該請專屬教練來指導，因為這樣才能做出正確的動作，否則可能會造成運動傷害。以我為例，每次教練帶我做動作時，我都會問她某個部位如果會痠痛，這樣是對的嗎？如果她說不對，我就知道力量用錯了地方，才能立即改正。

專屬教練都是按小時計費，所以我都會提早十分鐘到，自己進行教練要求的熱身運動，就不會占用到完整的教學時間。如果上課遲到，那就非常划不來了，畢竟「一寸光陰，一寸金」啊！

11 持續，就已經是一個很難達成的目標了

最近常跟我的健身教練女兒一起接受媒體訪問。媒體看我現在的體態並不是那種非常精實的狀態，就喜歡問我有沒有設定一個目標。我開玩笑說，那就跟我的眾多書名一樣，以練到體脂率十八％為目標吧！

女兒在旁邊笑我：「那對你來說，很難耶！我們都不容易做到了。不要說大話，最後做不到，就不樂活了。」

我說：「用別的數字，沒有賣點啊！」

女兒說：「我認為，『一直持續做下去』就是你的目標。」

我和採訪的記者聽到這個回答，猶如醍醐灌頂，兼打通了任督二脈：**「持續做下去」，其實已經是很難的目標了。**

我曾經因為五十肩一度完全復原，所以上健身房繼續重訓課程的動機開始逐漸消失，甚至到了預定上課的時間，就有些意興闌珊，常常想說找個理由暫停一次吧！

請假理由其實很多，只要跟女兒說原定上課的時間，臨時被安排要去演講或上通告就可以了，但女兒總是想盡辦法調動別的學生時間來配合我，我總不能說完全沒空吧？

這樣不情不願去上課，約莫過了一兩個月。就算在上課，我也經常偷瞄牆上的時間，好希望一個鐘頭趕快過去。回家後也不想自主訓練，彷彿回到學生時代，一切都是為了考試才讀書。女兒當然看得出老爸逃避的心態，但也莫可奈何。

事情終於迎來引爆點，但事後來看，卻是一個轉捩點。春節過後的某一天，女兒說他們健身房中午要吃春酒，但不會影響到我當天下午四點的課程。

下午三點半，她回到家，脫鞋進了客廳。我看她步履不穩，應該喝了點酒，心想或許沒辦法上課了，就跟她說：「你這樣子，今天還能上課嗎？」

她沒理我，直接往房間走去，然後用力帶上房門，有點動怒地說：「你不想上，就不要上了。」

這個情境有點尷尬。作為「父親」的角色，她居然用這種態度跟我講話，我不免感到很生氣，但是另一個「學生」的身分卻讓我自知理虧：老師都沒有請假了，學生怎麼可以找理由不上呢？

我回到臥室，換上健身的衣服，然後隔著她的房門說：「妳休息一下，爸先過去了。」

自從這次甩門、咆哮事件後，我再也不敢心存逃避的念頭。

走向健身房的路上，我沒有怪罪女兒對我的態度，我想這也是進入第三人生的父母應該要學習的功課。不要再用「權威」的立場來面對成年的子女，因為時代變化太快，他們可能懂得早就比父母都多了。**我們應該接受子女的「專業」，這不就是我們當年教養他們長大，希望得到的成果嗎？**

我們常聽長輩說：「子女不管多老，在父母心中，永遠都是孩子！」這句話早就不合時宜，我甚至常常希望把家裡重大的決定權交給子女，因為我相信他們絕對有這個能力。

我有三個子女，個個都有專長。我雖然出了十二本書，但文筆完全不及擔任編輯的大女兒。兒子所從事的音樂工作，我根本沒有資格提出建議。小女兒在健身知識方面的進修，幾乎等同復健系學生該具備的本職學能，如果不是她的指導，我的五十肩怎麼可能痊癒？

我也曾跟女兒提出過我的困惑，究竟我能透過重訓達成什麼目標？她跟我提了「穿隧效應」的理論：**健身就像在鑿一個隧道，在過程中當然會因為漆黑未知，而感到徬徨，但最後終於鑿通了之後，你就能看到一片光明的前景與具體的成果，**而她說我唯一能做的事，就是「一直持續做下去」。

雖然我還在鑿隧道的過程，但我也曾看到些許的微光。有一次，和家人走在路上，旁邊一個年輕人正在玩滑板，但滑板突然從他的腳下鬆開，直直朝著我衝來。我不假思索，直接從移動中的滑板上一躍而過，家人不可置信，說我何時變得如此靈活？後來我問了健身房的老闆：「難道這就是健身的成果嗎？」他說：「沒錯！健身讓你的肌力得到強化，碰到突發狀況，就有能力應變，比較不容易摔倒。」

肌力的鍛鍊，縱然無法讓第三人生的我們「不病」，但至少可以降低意外受傷的機率。

12

重訓一年多後，終於破解了我的三大迷思

我很慶幸，我的女兒就是我的重訓教練，才有勇氣問她一些蠢問題。如果換作是別的教練，我說不定會為了顧全面子，不敢問呢！

我上第一堂課的時候，就問女兒：「很多人都說最好的運動就是走路，所以老爸也曾經和很多人一樣，以每天走一萬步做目標。」聽了她的回答，我才知道這是一個錯誤的觀念。

走路絕對不是一種肌力訓練。一天走一萬步，一開始確實對肌力的加強會有幫助，但是走久了之後，身體慢慢適應，就不會覺得太累，因此這種強度就不足以再進步。沒有新的刺激，肌力增長的效果就非常有限。

想要確實增加肌肉量和肌力，她說：「一定要經過一個完整的刺激與破壞，然後再修復，最後才能達到成長與適應，所以就要透過健身房的器材，給肌肉額外的刺激，讓肌肉有足夠的負荷，來達成刺激與破壞，最後才會有效地增加你的肌肉量和肌力。」

隨著年齡的增加，肌肉量一定會逐漸減少，而且年紀越大，減少的速度就會越快，然後產生「肌少症」的現象。如何判斷自己有沒有肌少症？她教我做一個測驗。

測驗很簡單，就是要我從椅子上站起來、再坐下去，然後在十五秒內重複做五次。我心想，這太簡單了吧！最後當然是輕鬆完成了，但她說別小看這件事，很多缺少肌力的長者真的做不到！各位讀者看到這裡，何不試試看呢？肌力訓練是一種預防的概念，千萬不要等到做不到時，才去健身房重訓喔！

第二個要破除的錯誤觀念是「重訓是年輕人的專利」。只要經過正確的操作，就能延緩肌力的流失，增加肌力。重點其實是「正確的操作」，所以一定要請健身教練進行一對一的教學與示範，而不是付了連鎖健身房的會費之後，自己一個人去使用各式器材，就以為達到了健身的目的。萬一姿勢不對、用力的身體部位不對，或是舉起不適合的重量，反而可能造成運動傷害。

以往我經過健身房時，看到裡面大部分的器材都需要用到很多力氣，心想自己一定辦不到，當然就不會有興趣嘗試。不過，開始上重訓課才知道，教練都會循序漸進，慢慢往上增加重量。每次教練決定增加重量時，我就會很有成就感，想要繼續練下去，然後不斷突破自己，不過她會跟我強調：「重訓絕對不是要把自己變成阿諾・史瓦辛格喔！」

第三個要糾正的錯誤觀念，就是「重訓是為了要瘦身，或是要練出翹臀，甚至要成為肌肉猛男」。這真的是我以往對重訓先入為主的觀念，因為每個健身教練不都是這樣嗎？甚至因此而很排斥重訓。不過，這絕對不是熟齡族群做重訓的目的。前陣子參加大學同學會，有人還捏捏我的手臂，然後笑我怎麼還是鬆垮垮的，哪裡像是做過重訓的人？這就是錯誤觀念下的認知。不過，有人也看出我的改變，一是真的變瘦了、而且精神奕奕，二是照相不必特別縮小腹了。

那麼，熟齡族群做重訓的目的是什麼呢？其實很簡單，就是「練好日常生活動作的能力」，包括不容易跌到、能夠單腳站立、蹲得下去、也站得起來、爬樓梯不再很喘、身體能夠挺正、能舉重物、手臂伸展自如，還有全身不會僵硬緊繃等等。

做了一年多的重訓，我真的幾乎都能做到以上這些動作，這樣對熟齡族群來說，才是真正有所助益。你能做到幾項呢？如果很多都做不到，就該儘快加入重訓的行列囉！

國家圖書館出版品預行編目 (CIP) 資料

不窮不病不無聊：施昇輝的第三人生樂活提案 / 施昇輝作 . -- 初版 . -- 臺北市：今周刊出版社股份有限公司 , 2021.02
272 面 ; 14.8×21 公分 . -- (社會心理 ; 27)
ISBN 978-957-9054-76-8 (平裝)
1. 退休 2. 生活指導 3. 生涯規畫
544.83 109018840

社會心理 27

不窮不病不無聊

施昇輝的第三人生樂活提案

作　　者　施昇輝
副總編輯　鍾宜君
責任編輯　李韻
行銷經理　胡弘一
資深副理　陳姵蒨
封面設計　張巖
封面攝影　陳弘岱
內文排版　簡單瑛設
校　　對　施昇輝、許訓彰、李志威、李韻

發 行 人　梁永煌
社　　長　謝春滿
副總經理　吳幸芳

出 版 者　今周刊出版社股份有限公司
地　　址　台北市南京東路一段96號8樓
電　　話　886-2-2581-6196
傳　　真　886-2-2531-6438
讀者專線　886-2-2581-6196轉1
劃撥帳號　19865054
戶　　名　今周刊出版社股份有限公司
網　　址　http://www.businesstoday.com.tw

總 經 銷　大和書報股份有限公司
製版印刷　緯峰印刷股份有限公司

初版一刷　2021年2月
定　　價　340 元